À Pablo, à Thomas, à Anatole

À Christophe

Leonard
&
Virginia
WOOLF

Je
te dois
tout le
bonheur
de ma
vie

CAROLE D'YVOIRE

Leonard & Virginia
WOOLF

Je
te dois
tout le
bonheur
de ma
vie

Le livre de poche

Toutes les citations, tous les extraits de correspondance et les textes autobiographiques ainsi que la nouvelle inédite de Leonard Woolf, *Trois Juifs* (p. 179-193), ont été traduits par Carole d'Yvoire.

Couverture : © Studio LGF.

© The Society of Authors as agents of the Strachey Trust pour l'extrait de la lettre de Lytton Strachey (p. 50).
© Libraire Générale Française, 1993, pour la traduction de la nouvelle *La Marque sur le mur* (p. 195-206).
© The University of Sussex and the Society of Authors as the Literary Representative of the Estate of Leonard Woolf pour les textes de Leonard Woolf.

© Librairie Générale Française, 2017.
ISBN : 978-2-253-07149-5 – 1re publication LGF

Though the great Waters sleep,
That they are still the Deep,
We cannot doubt –
No vacillating God
Ignited this Abode
To put it out –

Bien que les grandes Eaux sommeillent,
Et soient encore Profondes
On ne peut douter –
Aucun Dieu vacillant
N'a enflammé cette Demeure
Pour l'éteindre –
EMILY DICKINSON

AVANT-PROPOS

> « Créer c'est libérer des possibilités
> de vie susceptibles d'accroître à la fois
> la puissance de la sensibilité et la jouissance
> du fait de vivre. Les créateurs réussissent
> momentanément à faire face à la douleur causée par
> le désespoir, la peur ou la perte, en décidant de
> donner vie à quelque chose qui n'existait
> pas auparavant – quelque chose qui, sans eux,
> n'aurait pas pu avoir lieu »
> RÉGINE DETAMBEL

J'ai très peu de photos de mes parents ensemble. Aucune de leur mariage ; une seule où ils sourient. Je ne sais presque rien de leurs vies avant ma naissance, ils m'ont toujours fait sentir que c'était un domaine privé, interdit. Une réponse évasive, un petit rire de gorge et la discussion était close. De la guerre, des exils, des deuils, amours et chagrins, je n'aurai que des miettes que je vais débusquer en cachette, au fond d'un sombre tiroir. Mes parents, nés l'un en Espagne l'autre en Algérie, ont choisi de vivre au présent, ils ont fait table rase du passé, gommé leurs différences. Petits soldats des Trente Glorieuses, ils s'installent sur la Plaine Monceau, en conquérants. Je m'en accommode. Mieux, je les admire. Ne vont-ils pas de l'avant sans regarder en arrière ? Ils ont réussi, enfin je le crois, à se créer *ex nihilo*. Nous sommes une famille française ordinaire.

Je ne sais pas à quel point j'ai tort jusqu'au jour où la mort brutale de ma mère provoque une explosion dévastatrice. Le barrage que mes parents avaient mis tant de soin à construire en eux, autour d'eux, cède. Finies les années glorieuses. Le cataclysme emporte tout sur son passage, illusions, certitudes, fondations. La mort est sur moi et elle sent mauvais avec ses relents de secrets inavoués, elle me fait honte. Maman est morte, papa est un menteur. Papa fait faillite dans tous les sens du terme. Il ne me reste plus rien de ce que j'ai voulu croire. Rien à récupérer. Tout d'un coup, le silence policé qui a entouré toute mon enfance devient insupportable, d'une sauvagerie inouïe. Trop de vide. Trop de rien. Mes parents étaient fous, je ne vois pas d'autre explication. Fous de croire qu'on pourrait jeter son passé aux oubliettes, en priver ses enfants, sans payer le prix du reniement. Et je leur en veux parce qu'ils m'ont jetée dans cette folie comme dans la cage aux lions : allez, débrouille-toi, sauve ta peau !

Comme toujours, les livres me consolent, me protègent, me chuchotent à l'oreille. Un jour, je ne sais plus quand ni comment ça a commencé, des voix se font entendre par-dessus les autres. Elles ne me parlent ni en français, ni en espagnol. Je choisis une troisième voie : l'anglais. J'aime leurs sonorités, j'aime ce qu'elles me racontent et surtout j'aime leur profusion. Elles sont incroyablement bavardes. Ça parle, ça rit, ça écrit, ça critique, ça commente dans tous les sens. Ce vacarme joyeux, ce tohu-bohu amical, ce goût de la conversation, de l'esclandre, de la création, de l'avant-garde est le fait d'un groupe d'écrivains et artistes anglais au joli nom végétal : Bloomsbury. Bloomsbury m'enchante, il est la vie même, il va devenir mon obsession. Je pénètre dans l'intimité du groupe, je me l'approprie, je veux tout savoir, tout lire, tout connaître. Il ne me quittera plus. Je ne m'en lasse pas, je lis, relis, dissèque, décortique textes, récits, romans, journaux, correspondances, tableaux, intérieurs. J'ai l'impression chaque fois d'une plongée dans des fonds inépuisables, où je vais retrouver des paysages connus pourtant modifiés, des espèces inédites. Je descends toujours plus bas, plus profond, peu à peu la lumière apparaît et de nouvelles couleurs. Je ne sais jamais ce que je vais remonter, mais l'immersion est fabuleuse et me régénère. Je ne sais pas ce que je serais devenue sans eux. Ils m'ont appris que les tragédies ne sont pas toutes raciniennes. Ils m'ont appris qu'on peut faire ce qu'on veut de son héritage et de son passé, mais il faut au moins reconnaître qu'il y en a un. En vrais compagnons, ils m'ont servi de modèle. Je suis fascinée par leur intelligence, leur courage, leurs amitiés, leurs amours, leur liberté de ton, cette façon si naturelle de savoir d'où ils venaient, de s'y opposer sans détruire, dans une harmonie que j'aurais aimé connaître. Vivre avec Virginia Woolf, Vanessa Stephen, Lytton Strachey, Duncan Grant, Roger Fry, Clive Bell, Maynard Keynes, E. M. Forster, Desmond MacCarthy et leurs « satellites » : Vita Sackville-West, Ottoline Morrell, Edith Sitwell, Frances Partridge, David Garnett, Julia Strachey, c'était vivre par procuration dans un tourbillon inépuisable et tumultueux.

Peu à peu, parmi tous ces personnages qui me deviennent proches, plus intelligibles que ma propre famille, l'un d'entre eux se détache. Je l'entendais moins que les autres (en France, seul l'un de ses romans et des extraits de ses journaux ont été traduits ; sa correspondance ne l'est toujours pas). Il était dans l'ombre, souvent décrié. Ce silence autour de Leonard Woolf est devenu pour moi énigmatique alors que le couple qu'il formait avec Virginia Woolf était tout aussi mythique que celui de Ted Hughes et Sylvia Plath, Auguste Rodin et Camille Claudel, Jean-Paul Sartre et Simone de Beauvoir. Ou, dans ma mythologie personnelle, celui de mes parents. Leonard et Virginia ont une histoire compliquée qui finit comme on le sait, mais j'ai choisi de m'intéresser aux débuts de leur vie commune, à la constitution de leur couple bien plus complexe qu'il n'y paraît.

Il n'est pas question de faire l'apologie du mariage, plutôt de rendre toute sa place à cette rencontre qui, pour le meilleur et pour le pire, donnera naissance à une auteure qui s'appelle Virginia Woolf et pas Virginia Stephen, et à une maison d'édition indépendante, avant-gardiste, la Hogarth Press, dont le premier volume est un recueil de deux nouvelles célébrant cette union : l'une de Leonard Woolf (*Trois Juifs*) et l'autre de Virginia Woolf (*La Marque sur le mur*), publiées en fin d'ouvrage.

Ce livre est le récit de cette rencontre jusqu'en 1917 et de la création de la Hogarth Press dont on fête le centenaire.

CAROLE D'YVOIRE
Paris, juin 2017.

1 • UN MONDE EN HÉRITAGE

L'Angleterre à la fin du XIXe siècle est un pays puritain et puissant, un empire colonial de quatre cents millions d'habitants. La première puissance commerciale mondiale bénéficie de la stabilité du très long règne – soixante-trois ans – de la reine Victoria, parangon d'une vie exemplaire de devoir et de piété. Sa capitale, la « métropole crue... à l'épaisse et éternelle fumée de charbon » de Rimbaud, véritable Babylone des temps modernes, évoque, pêle-mêle, les crimes de Jack l'Éventreur, le procès d'Oscar Wilde, les enquêtes de Sherlock Holmes, les études de Marx et d'Engels sur les classes laborieuses. La peur, l'effroi grouillent dans « la cité de la brume et des ténèbres peuplée jusqu'à la noirceur[1] » et livrent un combat permanent avec la bienséance corsetée du moralisme victorien.

Londres, mégalopole bondée, éclairée au gaz, semble plongée dans un halo jaunâtre et un brouhaha permanent. Fiacres, omnibus à chevaux disputent les rues à ses nouvelles gares, « emblèmes d'une société obsédée par la vitesse et le déplacement… Vitrines de l'inventivité victorienne[2] ». Les intérieurs, éclairés au gaz pour la plupart, sont très sombres, encombrés d'objets, les murs souvent obscurs, les cuisines et autres pièces du rez-de-chaussée privées de la lumière du jour.

C'est dans cet univers en métamorphose que naissent Virginia et Leonard. Enfants privilégiés, ils grandissent dans le même quartier protégé de la capitale : Kensington. Leonard Woolf voit le jour le 25 novembre 1880 au 101, Lexham Gardens, une maison géorgienne, désormais transformée en hôtel ; Virginia Stephen, le 25 janvier 1882, dans le très huppé et victorien 22, Hyde Park Gate, au bout d'une impasse au calme provincial, tout près des jardins de Kensington, à l'ouest du plus grand parc de la ville (Churchill résidera et mourra au 28).

---

1. Peter Ackroyd, *Londres, la biographie*, Stock, 2003.
2. *Ibid.*

22 Hyde Park Gate.

Ils vivent à vingt minutes à pied l'un de l'autre, dans des fratries tout aussi nombreuses – lui est l'aîné de dix frères et sœurs ; elle, la benjamine dans une famille recomposée de sept enfants –, pourtant, la distance sociale et culturelle qui les sépare paraît infranchissable. Parce qu'elle les précède, qu'elle est inscrite dès l'origine comme une marque indélébile :

> J'étais un outsider [...]. Même si mon père d'abord, puis moi, appartenions d'un point de vue professionnel à la classe moyenne, nous venions tout juste de quitter la strate des boutiquiers juifs pour nous hisser péniblement dans cette classe. Nous n'y avions aucune racine [...]. Les Stephen, les Strachey, les Ritchie, Thackeray et Duckworth possédaient un écheveau complexe et profond de racines et ramifications qui s'étendaient à travers la haute bourgeoisie, la noblesse de province et l'aristocratie [...]. Ils vivaient dans une atmosphère curieuse faite d'influences, de savoir-vivre, de respectabilité qui leur était si naturelle qu'ils n'en avaient pas conscience, pas plus que les mammifères n'ont conscience de l'air ni les poissons de l'eau dans lesquels ils évoluent.

De quelle écorce est donc fait l'arbre généalogique de Leonard Woolf ?

> Quand je pense à mon passé, aux gènes et aux chromosomes de mes ancêtres, car, après tout, ils

sont une part très importante de mon passé, je suis un peu surpris de voir où ils m'ont conduit [...]. Mes gènes et mes chromosomes ne sont ni anglo-saxons ni ioniens. Quand les ancêtres de mes voisins, ici à Rodmell, rassemblaient des troupeaux de pourceaux sur les plaines de l'Europe de l'Est, que les Athéniens construisaient l'Acropole, mes aïeuls sémites (l'époque où ils formaient une grande nation, si l'on peut dire, était déjà derrière eux) se trouvaient en Perse ou en Palestine. Ils étaient des prisonniers de guerre, des déplacés, des réfugiés [...]. Le père de mon père, un Juif né à Londres en 1808, s'appelait Benjamin Woolf. Sur son certificat de décès, à la rubrique profession, on avait indiqué «gentleman» mais il était en fait un tailleur qui avait admirablement réussi [...]. La famille de ma mère n'avait pas la dureté et la sévérité des Woolf. Les De Jongh [...] étaient tous plutôt doux. Ma mère était née en Hollande dans une famille juive d'Amsterdam. Son père était un diamantaire et toute la famille émigra à Londres quand elle était encore enfant [...]. Mon père était un Juif croyant mais pas orthodoxe, un Juif libéral, membre de ce qu'on appelle le Judaïsme réformé [...]. Il est né en 1844, a épousé ma mère en 1875, lui a fait dix enfants, puis est mort en 1892 après quelques semaines de maladie, à l'âge de quarante-sept ans [...].

Leonard a grandi dans une famille juive – il est le seul parmi tous les membres du futur Bloomsbury. On peut imaginer qu'il a baigné dans un contexte de rites et de traditions particuliers, même s'il en parle très peu ou seulement de manière allusive, au détour d'une phrase. On apprend ainsi qu'un rabbin assez incompétent lui a enseigné quelques rudiments d'hébreu suffisants pour réciter ses prières. Peut-être a-t-il donc fait sa bar-mitsvah à treize ans, dans la synagogue du 34, Upper Berkeley Street (Marylebone), que fréquentait sa famille ? Toujours est-il qu'à quatorze ans, deux ans après la mort de son père, il déclarera à sa mère, scandalisée, qu'il ne croit pas en Dieu. Une première rupture précoce qui en augure bien d'autres. Il s'appesantit cependant peu sur le sujet. Il préfère évoquer dans son autobiographie les ressemblances entre la famille Woolf et les autres tribus victoriennes dont il partage les us : repas, sorties, écoles, précepteurs, gouvernantes – il décrit longuement sa nourrice, baptiste. Il fait le choix de l'assimilation. S'il admet son identité biologique juive, il refuse qu'elle devienne une identité culturelle. Malgré la reconnaissance ou l'aveu des racines, on sent une forme de rejet et des préférences très marquées pour ce qui lui paraît moins « oriental » : un terme qui recouvre tout ce que son ascendance a d'étrange à ses yeux. Il renvoie à l'East End, ce quartier pauvre dans l'est de la capitale, son Orient, où résident les émigrés juifs. Il s'attarde peu sur son grand-père paternel, tailleur et maître d'œuvre de l'ascension sociale, décrit, d'après un portrait puisqu'il ne l'a pas connu, comme un « Juif rabbinique » en redingote, corpulent, sévère, aux cheveux et favoris noirs, à l'attitude pompeuse. Il lui préfère une autre figure, plus aimable, son arrière-grand-mère maternelle, née Van Coeverden, qui, avec ses cheveux clairs, insiste-t-il, ne ressemblait pas du tout à une Juive. Il ne mentionnera jamais le premier mariage de sa mère qui avait fait d'elle une Marie Goldstücker, ni son veuvage à vingt-deux ans. Il « oublie » de raconter que Marie a épousé l'exécuteur testamentaire de son époux, Sidney Woolf, auquel elle était déjà liée puisqu'il est le frère de Clara, sa belle-sœur. Il omet aussi de mentionner qu'une sœur de Sydney, Sofia, épousera un autre frère de Marie, Anselm. Pas une fois Leonard n'évoquera cet « écheveau » familial. S'il décrit l'ascension sociale du grand-père paternel Benjamin, il ne révélera pas non plus que les premiers Woolf avaient d'abord vécu dans l'East End. Il tient même à rappeler qu'il s'y intéresse si peu que c'est auprès de son neveu qu'il doit aller chercher tous ces détails sur cette branche de sa famille…

Leonard livre sa part de vérité et, pour se libérer de son héritage culturel, choisit telle ou telle filiation. Mais il connaît ses racines, il sait, par une sorte de fatalisme, qu'il possède des attributs qui le rattachent à ses ancêtres, et à ses yeux il existe un type juif, une attitude juive, qu'il retrouve dans son grand-père maternel :

> Personne n'aurait pu le confondre avec autre chose qu'un Juif. Malgré son manteau, son pantalon, son chapeau, son parapluie semblables à ceux des autres

Marie Woolf et sa fille Bella.

messieurs d'Addison Gardens, il me paraissait sortir tout droit d'une de ces vieilles photos de Juifs dans le ghetto, en caftan, barbus, se tenant très droits, dignes, tristes, résignés, n'attendant rien et endurant deux ou trois millénaires de misère accablés par la hargne du destin et la cruauté de l'homme, gardant pourtant dans le creux des reins ou au fond du cœur un fragment d'acier spirituel, une particule de résistance passive mais invincible.

Face à ce passé reconnu comme du bout des lèvres, hésitant, peu répertorié, on trouve du côté de Virginia un album de famille bien rempli dont chaque page, chaque légende de photo évoquent mille signes, suggèrent mille pistes, tous enracinés dans l'histoire d'Angleterre, et qui lui sont intimement liés. L'album fourmille de noms connus, de ces noms propres qui sont «un "milieu" au sens biologique du terme, dans lequel il faut se plonger [...], toujours gros d'une épaisseur touffue de sens [...]» et contiennent «plusieurs "scènes" qui ne demandent qu'à se fédérer et à former un petit récit[1]».

Les Stephen sont des mémorialistes, ils écrivent tous et ne cessent de consigner leurs souvenirs sous une forme ou une autre, empilant les annales de leur clan, les léguant à leurs descendants. Virginia aura la force et le talent de s'y immerger sans se noyer, elle en sortira prête à créer son œuvre.

---

1. Roland Barthes, «Proust et les noms», in *Nouveaux essais critiques*, 1953; Seuil, 1972.

Par son père, Leslie Stephen, elle, est l'arrière-arrière-petite-fille de Henry Venn, fondateur de la secte de Clapham, un groupe évangélique protestant qui, uni aux quakers, contribuera à faire abolir l'esclavage dans tout l'Empire britannique. C'est le grand-père de Virginia, James Stephen, époux de la petite-fille de Henry Venn, qui fera passer en 1833 le « Slavery Abolition Act ». Leslie, après de brillantes études à Cambridge, choisit d'être pasteur avant de devenir, après une longue crise, un fervent agnostique. Entre alors dans le réseau familial paternel William Makepeace Thackeray, célèbre romancier victorien, auteur, entre autres, des *Mémoires de Barry Lyndon* et de *La Foire aux vanités*. Leslie épouse en premières noces Harriet, la fille cadette de Thackeray. Il se fait un nom en tant qu'intellectuel et historien : il contribue au *Cornhill Magazine*, une revue littéraire victorienne, est le premier éditeur du *Dictionary of National Biography*. Il se lie au philosophe Ralph Waldo Emerson, à James Russel Lowell, abolitionniste américain, à Henry James, connus lors de son voyage en Amérique en pleine guerre de Sécession. Montagnard aguerri, pionnier de la conquête des Alpes, il est président de l'Alpine Club et publiera un recueil de récits, un classique, sur ses ascensions : *Le Terrain de jeu de l'Europe* (1935). Homme de lettres, essayiste, intellectuel moralement engagé, il a plus de cinquante ans quand naît sa troisième fille, Virginia, de son second mariage avec Julia Jackson.

Leslie Stephen à Cambridge, en 1860.

Julia et Leslie… Lorsqu'ils se marient, le 26 mars 1878, il a cinquante-six ans, elle en a trente-deux. Ils se connaissent depuis longtemps. Voisins et amis, leur veuvage les rapproche. Julia a perdu son mari, Herbert Duckworth, en 1870. Leslie, son épouse enceinte, en 1875. Ils élèvent tous les deux lui une petite Laura qui ne sera jamais comme les autres, elle trois enfants, George, Stella et Gerald, né après le décès de son père. Ils ont tous les deux cessé de trouver une consolation en Dieu. Leurs conversations sur la mort, la perte, le souvenir commun de leurs époux disparus, leur rôle de parent isolé les rapprochent. Comment en sont-ils venus à faire ce pari de fonder une nouvelle famille? Si les motifs paraissent clairs du côté de Leslie (les veufs se remariaient toujours à cette époque), la décision de Julia est plus énigmatique. On imagine des pressions familiales exercées sur la jeune femme, comme dans un roman de Jane Austen, un mariage de raison, mais peut-être y avait-il entre eux une sorte d'accord profond sur le sens de la vie?

Qui est Julia Jackson? Pour le savoir, il faut remonter à son lignage, au «Pattledom», le royaume mythologique des sœurs Pattle:

> La mère de Julia Jackson était une des sept sœurs Pattle dont l'immense beauté était légendaire. Les gènes Pattle, source de leur beauté, ont dû être extrêmement puissants car il ne fait aucun doute que cette beauté fut transmise à un nombre considérable de descendants. Avec quelques caractéristiques

individuelles très marquées, par exemple la forme et la courbe du cou, du visage et du front, la bouche et les yeux – qui étaient et sont reconnaissables jusque dans la troisième et quatrième génération.

Adeline, Sarah, Maria, Julia, Louisa, Sophia et Virginia Pattle sont les descendantes d'une jeune Française, Adeline de l'Étang, fille d'un page de Marie-Antoinette, le chevalier de l'Étang, émigré (ou expédié parce qu'il aurait été trop proche de la reine) à Calcutta, et de Thérèse Blin de Grincourt, née en Inde, ayant du sang indien dans les veines – on se prend à chercher des traces de cet héritage dans le visage de Virginia – et d'un Anglais à la mauvaise réputation, James Pattle.

À leur arrivée en Angleterre, cette pléiade fabuleuse crée une véritable sensation ; élevées en Inde et en France, elles sont cosmopolites, exotiques, ravissantes, intrigantes ; elles s'habillent d'une façon excentrique, mêlant la mode parisienne aux drapés de Raphaël et détonnent dans les salons anglais compassés. Elles feront de brillants mariages – l'une après avoir reçu pas moins de seize demandes –, qui les connectent à de riches familles anglo-indiennes. Dans ce royaume, les fées si généreuses en beauté ont choisi de doter la deuxième d'un talent extraordinaire dans un domaine qui fait ses premiers pas : Julia Margaret Cameron sera une pionnière de la photographie, une immense artiste. Elle immortalisera ses sœurs, mais surtout sa jeune nièce et filleule, Julia, née à Calcutta, fille de Maria Pattle et de John Jackson, médecin.

Julia Jackson. Photographie de Julia Margaret Cameron.

Julia grandit dans une atmosphère raffinée, élégante, cultivée, nimbée des légendes d'un passé colonial puissant, entre Little Holland House, le manoir londonien de sa tante Sara Prinsep, et Freshwater Bay, sur l'île de Wight, où vit Julia Margaret Cameron. Entre ces deux pôles, on se rend visite, on correspond, on écrit, on peint, on pose, on joue, on est en permanence relié. Tout ce que la ville compte d'important dans le domaine artistique et littéraire s'y retrouve : lord Alfred Tennyson, Robert Browning, Edward Burne-Jones, William Thackeray figurent dans cet étrange monde qui se dessine et transparaît dans les photos de Julia Margaret Cameron, un monde patriarcal où de très jeunes femmes aux airs de saintes, les cheveux dénoués, le regard distant, fixé sur un sacrifice pour on ne sait quelle cause, semblent rejouer des scènes bibliques auprès de vieux barbons au visage marqué, tourmenté, qui paraissent soupeser l'univers et sa complexité.

Julia va échapper un court temps à ce destin. À vingt et un ans, elle épouse par amour le beau Herbert Duckworth. La romance sera de courte durée. S'ensuivent trois années de bonheur seulement, puis huit ans de veuvage avec trois enfants à élever. Et la seconde vie auprès de Leslie Stephen et de leurs quatre enfants, Vanessa, Thoby, Virginia et Adrian.

On sait peu de choses de Julia. Elle a laissé un essai : *Notes From Sick Rooms* (1883), un recueil de conseils tirés de son expérience de garde-malade. On sait qu'elle était très proche de sa mère, échangeant une lettre voire plus par jour, s'occupant d'elle jusqu'à sa mort en 1892. Il reste surtout les photos de sa tante qui composent au fil des ans une sorte de journal intime. On y voit une toute jeune fille qui semble très déterminée, ses grands yeux fixés droit devant elle, mettant le monde au défi, ou perdus dans le vague, rêvant de bonheur. Après son veuvage, elle n'apparaît plus que le visage fermé, offrant le plus souvent au spectateur son profil de camée, comme si elle appartenait déjà à un autre univers, et que la tristesse parfois aperçue dans son regard avait trouvé sa raison d'être, le destin lui ayant confirmé qu'elle n'était pas promise au bonheur. Par la suite, sur toutes les photos, même entourée de sa tribu recomposée, Julia a encore et toujours l'air d'une veuve éternelle à la façon d'une reine Victoria. Elle mourra en 1895 à quarante-neuf ans.

Virginia ne saurait être davantage inscrite dans l'histoire culturelle de son pays. Elle y est ancrée par une myriade de filaments, par des fils de soie qui tissent et brodent une tapisserie familiale fabuleuse, pleine de couleurs, riche de ses récits, essais, lettres, clichés. Il n'y a plus qu'à lire, à déchiffrer et les mondes se déplient. Tandis que Leonard se présente au monde plus démuni parce que sa propre malle au trésor est, à l'en croire, assez pauvre.

Si l'on s'attarde un moment sur les photos de famille des Stephen et des Woolf, on trouve d'un côté une famille recomposée (il manque toujours Stella), sans pyramide d'âge, avec une jeune génération en mouvement, rieuse, et un couple âgé, qui semble surgi d'un autre temps, être de passage. De l'autre, sur l'unique photographie connue de la famille Woolf, qui date de 1886, c'est la fixité, la

rigidité qui frappent. La famille, réunie dans un jardin, une petite table avec un service à thé en arrière-plan, une nourrice debout tenant dans ses bras un bébé, semble vouloir multiplier les signes extérieurs de réussite (la robe de la mère et tous ses mètres de tissu, la présence d'une domestique). Les Woolf, qui appartiennent depuis peu à la classe moyenne, présentent une image cérémonieuse comme pour mieux prouver qu'ils sont intégrés, qu'ils ont assimilé les codes, tandis que ceux qui les possèdent déjà peuvent en jouer.

Virginia et Leonard ne sont pas issus du même milieu, ne possèdent pas la même culture, le même réseau, les mêmes traditions, n'ont pas les mêmes racines, pourtant la question de l'héritage va très tôt se poser à eux. Leonard se coupe de la religion ; Virginia rompt avec les codes mondains en vigueur pour les jeunes filles de la bonne société, refusant, avec Vanessa, de jouer le rôle de « débutante » : « Notre saison à Londres était d'un ennui total. Je ne suis allée qu'à trois bals, et rien d'autre je crois. La vérité, comme nous nous le disons souvent, c'est que nous sommes nulles. Vraiment, il nous est impossible de briller en société. Je ne sais pas comment ça se fait. Nous ne sommes pas populaires – assises dans notre coin on dirait deux muettes qui attendent avec impatience un enterrement. De toute façon, il y a des choses plus importantes dans la vie… »

Elle décrète en effet qu'il y a des choses plus importantes que de briller en société ; lui décide de choisir sa propre origine, se revendique de nouveaux «pères», un peu orientaux eux aussi, mais plus nobles peut-être, du moins à ses yeux: «J'écris ces mots tandis que de ma fenêtre je contemple un jardin dans le Sussex. Je sens que mes racines sont ici et dans la Grèce d'Hérodote, Thucydide, Aristophane et Périclès. Je me suis toujours senti anglais de cœur, de corps et d'esprit, et plus précisément londonien, mais avec un amour nostalgique pour la cité et la civilisation de l'antique Athènes…»

Tous deux vont se créer, se réinventer.

PHOTO PAGES 32-33
Famille Stephen. De gauche à droite, en haut:
Gerald Duckworth, Virginia, Thoby et Vanessa Stephen, George Duckworth. Assis, Julia et Leslie Stephen. Aux pieds de Julia, le cadet, Adrian Stephen.

2 • MÉTAMORPHOSES

En 1892, Leonard a douze ans quand son père meurt, âgé de quarante-sept ans. Lui, qui se montre si pudique sur son chagrin, insiste sur la « catastrophe économique », le revers de fortune qui change radicalement sa vie : « Sa mort signifiait non seulement le désastre de sa mort, sa perte, mais aussi une totale rupture avec la vie telle que je l'avais connue et sa destruction. J'eus une curieuse vision prémonitoire, je vis que nous allions devenir "pauvres"[1]… »

Marie Woolf, la mère de Leonard, dotée d'un solide pragmatisme, quitte les beaux quartiers avec ses dix

---

1. Leonard Woolf, *Sowing, an Autobiography of the Years 1880 to 1904*, Harcourt Brace Jovanovich, 1975, p. 84.

enfants. La famille déménage à Putney, au 9, Colinette Road, et réduit son train de vie. Cette banlieue sud de Londres, accessible, en plein développement, se révèle d'une banalité confondante. Leonard abandonne son cocon londonien, la vie qu'il a toujours connue, pour la « monotone grisaille qui environne toute ville[1] ». Il ne se sent plus à sa place, plus protégé. Le mouvement d'ascension est coupé net. La peur d'une régression sociale est là. Le monde vacille. La chute menace.

Il quitte pour la première fois l'univers féminin qui était le sien pour rejoindre son frère en pension. Une expérience éprouvante : il compare la première institution à un « bordel sordide » aux mœurs dépravées que les deux jeunes Woolf s'emploieront à réformer. Quant à la seconde :

> La « public school » était la pépinière du philistinisme anglais. Travailler, faire marcher son cerveau, être un « swot », un bûcheur comme on disait à mon époque au lycée, c'était devenir un Intouchable (sauf quand on voulait vous brutaliser) dans le système de castes en vigueur dans ces établissements. Confesser publiquement qu'on aimait ces choses eût été aussi impossible qu'à une jeune dame victorienne respectable d'avouer publiquement son manque de chasteté et le plaisir qu'elle y avait pris. Manifestement, le seul critère pour mesurer la valeur humaine d'un

---

1. E. M. Forster, *Le Plus Long des voyages*, 1907 ; trad. Charles Mauron, 1952 ; 2013.

garçon était ses qualités athlétiques. L'usage de l'esprit, la curiosité intellectuelle, l'originalité, le goût pour le «travail», le plaisir des livres ou des choses liées à l'art, une fois détectés, se voyaient violemment condamnés et persécutés. L'intellectuel était, est largement encore aujourd'hui, détesté et méprisé. Cette attitude ne se limitait pas aux élèves ; elle était partagée et encouragée par presque tous les professeurs.

Ce garçon qui a passé de longues années à se construire une carapace, à dissimuler ses talents, sans les gâcher, va quitter ce monde barbare comme le héros du *Plus Long des voyages* de E. M. Forster : « Glacé, sans ami, sans expérience, se préparant à un voyage silencieux et solitaire, implorant la faveur suprême de garder cette solitude[1]. »

À force de bachotage, mû sans doute par un vrai désir de revanche sociale, il réussit brillamment ses examens. Il obtient des prix et surtout une bourse pour le Trinity College, à Cambridge, où il débarque en octobre 1899 avec le même enthousiasme que s'il découvrait un nouveau continent. Il pénètre enfin, lui, le juif déclassé, au cœur de ce que l'Angleterre peut offrir de plus raffiné. Les portes du paradis s'ouvrent devant lui.

Il entre dans le Saint des Saints. Même s'il n'en dit pas un mot, on ne peut pas imaginer un seul instant que la beauté de Cambridge, l'âme de ce lieu ancien,

---

1. E. M. Forster, *Le Plus Long des voyages*, *op. cit.*

Métamorphoses

Cambridge, Trinity College, Masters' Lodge

Cambridge, Trinity College.

une sorte de Terre sainte pour les intellectuels, n'ait pas participé de son émerveillement. L'endroit est d'une telle magnificence. Ses pierres anciennes, les jeux de lumière sur ses pelouses, ses tours, ses cloîtres, ses jardins, ses ponts, ses arbres remarquables… Cambridge forme un écrin esthétique et intellectuel unique. Leonard quitte les ténèbres pour entrer dans un monde masculin enfin désirable où il peut être lui-même, respirer un air pur, salvateur.

> Soudain tout changea. Pour la première fois presque, je sentis qu'être jeune avait véritablement quelque chose de divin. La raison en était simple. Soudain, je découvrais à mon grand étonnement qu'il y avait un certain nombre de personnes près de moi, autour de moi, avec lesquelles je pouvais partager l'excitante et à la fois profonde joie de l'amitié. Tout commença par hasard dans ce qu'on appelait les «Screens», le couloir traversant le Hall qui menait de Trinity Great Court à Nevile's Court. Je m'étais arrêté devant le panneau des petites annonces après avoir dîné au Hall quand je m'adressai à un inconnu qui se tenait à côté de moi. Nous repartîmes ensemble puis il m'accompagna jusqu'à ma chambre. C'était un boursier de Westminster, Saxon Sydney-Turner, un personnage étrange doté d'un des esprits les plus bizarres que j'aie pu connaître.

Ils viennent de quitter cet immense réfectoire où chacun a dîné seul, sans doute parce que l'un et l'autre sont des garçons solitaires, réservés ; ils s'arrêtent devant le panneau d'affichage, côte à côte, et on ne sait pas s'ils échangent une plaisanterie, une remarque, si Leonard pose une question, mais il est évident qu'ils se reconnaissent, tous deux classicistes, excellents élèves, timides, pâlots, physiquement peu imposants. On comprend que l'amitié se noue vite entre eux. C'est Saxon qui le présente à Lytton parce qu'ils logent au même étage, puis à Thoby Stephen et Clive Bell avec lesquels ils forment un club de lecture. Ils sont tous les cinq « différents » : Leonard est juif, Saxon d'une culture étourdissante et presque asocial, Lytton homosexuel, Clive, un curieux mélange de provincial lettré, Thoby, d'une beauté imposante monolithique. Ils deviennent inséparables.

Si Leonard est frappé par l'intelligence, l'esprit, l'humour, l'allure et la voix de Lytton, aux intonations si particulières, marque de fabrique familiale des Strachey – il n'en existe malheureusement aucun enregistrement alors qu'on peut écouter les voix de Virginia, de Vanessa, de Leonard et d'autres encore –, il éprouve face à Thoby, surnommé le « Goth », le même choc esthétique que le narrateur de *La Recherche du temps perdu* lorsqu'il voit entrer le jeune marquis de Saint-Loup dans la salle à manger de Balbec : « Je vis, grand, mince, le cou dégagé, la tête haute et fièrement portée, passer un jeune homme aux yeux pénétrants et dont la peau était aussi blonde et les cheveux aussi dorés que s'ils avaient absorbé tous les rayons du soleil. » Thoby est d'une beauté massive, stupéfiante. Il est l'incarnation d'un idéal masculin presque barbare à côté de ces jeunes hommes falots. La quintessence de ce que l'Angleterre peut produire de plus noble.

> Thoby donnait une impression de magnificence physique. Il mesurait 1,90 m, possédait une large et épaisse carrure [...]. Son visage était d'une beauté extraordinaire et son caractère tout aussi beau [...]. Il avait un grand sens de l'humour, un esprit fin, solide mais pas brillant [...]. Il était doté d'un charme extraordinaire [...] et, contrairement à d'autres grands « charmeurs », il semblait, et je crois qu'il l'était, en être totalement inconscient. Cela tenait, sans aucun doute, en partie à son physique, en partie à cet inhabituel mélange d'un tempérament doux et affectueux, d'une intelligence brute et d'un manque total de sentimentalité ainsi qu'à ces parfums personnels de l'âme qui sont tout aussi indescriptibles et impossibles à analyser que le parfum des fleurs ou les connotations d'un vers d'une grande poésie.

Ces jeunes gens qui se choisissent en raison de leur goût pour les choses de l'esprit et de leur anticonformisme participent à tout un ensemble d'activités avec une véritable soif culturelle. Ils fondent un club de lecture, « The Midnight Society », participent à un club d'art dramatique, « The X Society », où ils lisent des pièces, s'inscrivent à la Shakespeare Society. Mais ce qui constituera le ciment du groupe et contiendra le noyau du futur

Thoby Stephen.

Bloomsbury, l'élément déclencheur, fondateur, le catalyseur, c'est leur entrée dans la secrète et paradoxalement renommée « Cambridge Conversazione Society ». Sous ce nom presque mafieux dont les membres sont cependant surnommés les « Apôtres » se cache une association fondée en 1820 – elle comptait alors douze membres – à laquelle appartiendront le romancier E. M. Forster, le philosophe Bertrand Russell, l'économiste John Maynard Keynes et, dans les années 1930, les fameux espions surnommés les « Cinq de Cambridge » : Kim Philby, Anthony Blunt, Guy Burgess, Donald McLean et John Cairncross, ces jeunes et brillants étudiants communistes et antifascistes recrutés par l'Union soviétique. Cette fraternité très mystérieuse choisit des étudiants présentant des parcours exceptionnels, les « embryons », qui sont invités à des thés, à des promenades où ils rencontrent sans le savoir d'autres membres de la Société. Lors d'une cérémonie d'intronisation, ils sont initiés (« nés ») devant une « arche » contenant les documents appartenant à ladite Société. Ils se retrouvent ensuite tous les samedis soir pour débattre de sujets divers. Un orateur présente sa thèse et une discussion suit. Peuvent y participer les « Anges », c'est-à-dire les anciens membres qui ont quitté Cambridge. Les liens corporatistes, affectifs, intellectuels ne sont en effet jamais coupés. On est frappé dans les souvenirs qu'en donne Leonard par l'enthousiasme extraordinaire que provoque l'entrée dans ce « club » fermé, mais d'une ouverture d'esprit totale. Ce qui étonne, ce ne sont pas les plans de carrière ni les études, même si ces jeunes gens dévorent les livres, mais cette espèce de conversation

Jan. 24ᵗʰ 1903.

Woolf : Moderator

What is Style ?

The Character of your Expression.   The Breath of God on dry Bones
    Greenwood   Sydney-Turner

The Expression of your Character   Adequate Expression
    Strachey   ¶ Mayor
    Sheppard

        Adequate Expression of Imagination
                ? Moderator.

↑ And only beautiful when what is expressed is beautiful.
¶ As consequently character.

           Chosen – Do we thank with brief thanksgiving
                Whatever gods there be
                  That no man lives for ever,
                  That dead men rise up never,
                  That even the weariest river
                  Winds somewhere safe to sea' ?

Compte rendu d'une réunion des Apôtres.

ininterrompue, d'abord entre eux puis au sein des Apôtres. C'est là que se fait leur véritable éducation, là qu'ils se définissent, qu'ils renaissent. C'est là surtout qu'ils vont faire une rencontre décisive qui va radicalement changer leur vie et être à l'origine du futur groupe de Bloomsbury.

> Il est nécessaire de dire ici un mot sur la Société des Apôtres en raison de l'immense importance qu'elle eut pour nous, de son influence sur nos esprits, nos amitiés, nos vies. La Société était et est encore « secrète », mais comme elle existe depuis au moins cent trente ans, sa nature, son influence, ses membres ont bien sûr été décrits [...]. À travers son histoire, de temps à autre, un Apôtre a dominé et imprimé sa marque sur l'esprit et les traditions de la Société [...]. Pour nous, ce fut G. E. Moore [...]. Un grand homme, le seul grand homme que j'aie jamais rencontré ou connu dans le monde de la vie ordinaire [...]. C'est, je suppose, en 1902 que je fis sa connaissance. Il était mon aîné de sept ans et déjà un « Fellow » de Trinity. Son esprit était un instrument extraordinairement puissant, socratique, analytique. Mais contrairement à d'autres philosophes analytiques, il n'analysait jamais juste pour le plaisir ou au nom de l'analyse. Il ne se délectait pas à ergoter ni à couper les cheveux en quatre. Il avait une passion pour la vérité, mais [...], seulement les plus importantes [...]. Moore n'était pas spirituel ; je ne crois pas l'avoir entendu dire une seule chose spirituelle. Pas de scintillement dans sa conversation ou sa pensée. Mais il possédait

une extraordinaire profondeur et clarté de pensée et il poursuivait la vérité avec la ténacité d'un bouledogue et l'intégrité d'un saint.

G. E. Moore est un très jeune professeur lorsque Leonard et ses amis font sa connaissance. Cette proximité a un rôle fondateur. Ces jeunes gens découvrent un philosophe de leur âge qui se pose les mêmes questions qu'eux sur la façon de conduire sa vie et leur propose une philosophie de vie accessible, fondée sur l'amour, la création, le plaisir des expériences esthétiques et la recherche de la connaissance. Il leur parle du beau, de la vertu des relations humaines tout en s'appuyant sur une méthode précise, claire, d'analyse du langage, renvoyant chacun à soi, à sa propre critique des énoncés moraux, les incitant à chercher ce qui possède de la valeur en soi sans se préoccuper des apparences. C'est une rencontre-choc, fructueuse, avec cet homme qui va leur servir de mentor, de guide spirituel à sa manière simple, discrète, charmante, sans prétention. On l'imagine, lui, flatté par cette admiration, par ces disciples qui vont tenter de mettre en pratique ses recherches sur l'éthique, alors qu'il est en plein questionnement mais aussi amusé par ces jeunes zélateurs aux personnalités si différentes. Certaines rencontres livresques sont parfois décisives dans une vie pour se détacher de son éducation, renverser des valeurs, trouver un sens à son existence ; ce groupe d'étudiants pleins de ferveur avait mieux encore, il avait sous les yeux un exemple vivant qui aimait se promener, passer ses soirées avec eux, discuter et profiter des simples plaisirs de la vie. Et qui allait leur délivrer, en 1903, leur « Bible », ce *Principia Ethica* publié à Cambridge qui explicite, défend, résume et synthétise les positions philosophiques de Moore.

> L'énorme influence de Moore et de son livre sur nous vint du fait que soudain il balayait une accumulation obscure d'écailles, de toiles d'araignée et de voiles qui nous aveuglait, en nous révélant pour la première fois la nature de la vérité et de la réalité, du bien et du mal, du caractère et de la conduite. Il substituait aux cauchemars, illusions, hallucinations religieux et philosophiques dans lesquels nous avaient embrouillés Jehovah, le Christ, saint Paul, Platon, Kant et Hegel, l'air frais et la lumière pure du simple sens commun.
> Ce sont cette clarté, cette fraîcheur et ce sens commun qui nous ont d'abord séduits. Nous tenions là un philosophe important qui ne nous demandait pas d'accepter une quelconque foi « religieuse » ou complexe, pas plus que les gymnastiques intellectuelles inintelligibles de nature platonicienne, aristotélicienne, kantienne ou hégélienne. Tout ce qu'il nous demandait, c'était d'être bien certain que nous savions ce que nous voulions dire quand nous faisions une déclaration puis d'analyser et d'examiner nos croyances à la lumière du sens commun. D'un point de vue philosophique, ce que nous voulions trouver, c'était la base de notre

échelle de valeurs et nos règles de conduite, comment justifier notre croyance que l'amitié ou les œuvres d'art étaient bonnes ou la croyance que l'on devait faire certaines choses et pas d'autres. La distinction établie par Moore entre les choses bonnes en elles-mêmes ou en tant que fins, et les choses bonnes simplement comme moyens, sa quête passionnée de la vérité alors qu'il essayait dans les *Principia Ethica* de déterminer ce qui était bien en soi répondaient à nos interrogations, non pas avec la voix religieuse de Jehovah sur le mont Sinaï ni de Jésus dans son Sermon sur la montagne, mais avec la voix encore plus divine du simple sens commun.

La fréquentation de Moore et des Apôtres, sur lesquels il a une influence directe, pousse ces jeunes idéalistes à questionner sans crainte tout ce qui les entoure, codes de conduite, préjugés, conventions en ce début de siècle qui marque la fin de l'ère victorienne. Ils quittent les intérieurs sombres, confinés, parfois lugubres et leurs règles de bienséance, qui peinent à dissimuler une hypocrisie, pour la lumière. Ils n'ont plus à être des héros de la pensée, de la morale, pas plus que de l'empire. Ils n'ont pas à conquérir de nouvelles terres ou de nouveaux sommets, eux qui rejettent les éminents victoriens. Ils n'ont plus à suivre d'injonction ancestrale, ils ont à s'inventer, dans une sorte d'égalité des chances puisque tout ce qui compte, ce n'est ni la fortune ni l'héritage, mais de trouver les seuls « états d'esprit » qui ont vraiment de la valeur : « le plaisir des relations humaines et la jouissance des beaux objets ». G. E. Moore leur montre la voie en affirmant que ce qu'ils cherchent, ils peuvent le trouver sur terre, près d'eux, que leur quête a un sens. Ils partagent ce même enthousiasme qui transparaît dans une lettre de Lytton Strachey à Leonard en septembre 1904 : « Nous sommes, de bien des façons, comme les Athéniens sous Périclès. Nous sommes les prêtres mystérieux d'une civilisation nouvelle et extraordinaire [...]. Nous avons aboli la religion, nous avons fondé l'éthique, nous avons établi la philosophie, nous avons essaimé notre étrange illumination dans toutes les provinces de la pensée, nous avons conquis l'art, nous avons libéré l'amour... »

Virginia Adeline Stephen, en jeune demoiselle de bonne famille, est, elle, éduquée à la maison, sans préceptrice, par sa propre mère – latin, français et histoire. Elle qui ne bénéficie pas du privilège accordé à ses frères d'étudier à l'extérieur à partir de dix ans va connaître à un âge précoce, comme Leonard, une perte qui fait basculer sa vie : la mort soudaine de sa mère en 1895 – Julia, qui n'a que quarante-neuf ans, en paraît vingt de plus sur les photos. Avec la même pudeur que Leonard, Virginia dira peu de choses de son chagrin, mais elle écrira en 1909, dans un récit destiné à son neveu, *Reminiscences*, que ce fut le début d'une période de lamentations « orientales » – et il faut lire, dans le choix de ce simple adjectif, une véritable horreur des excès démonstratifs, pleurs, cris de désespoir, menaces de suicide. C'est le père, Leslie, qui est visé. Il devient un ogre insatisfait, une espèce de minotaure victorien qui requiert sans cesse une présence féminine à ses côtés pour l'écouter, le plaindre, le soutenir, l'accompagner. Plongé dans sa propre douleur et ses remords, il fait défaut à sa cadette. Virginia raconte cette scène frappante, cruelle : on la réveille en pleine nuit pour lui annoncer la terrible nouvelle, elle est conduite dans la chambre de sa mère, elle croise son père qui en sort, elle veut se jeter dans ses bras, il passe à côté d'elle, sans la voir. Elle vit ainsi un double abandon qui se solde par la première grande crise de sa vie. Celle à partir de laquelle est décrétée son instabilité mentale.

Certains parleront d'un héritage génétique, d'une sensibilité familiale particulière. Son cousin, James Kenneth Stephen, neveu préféré de Leslie, un homme brillant, tuteur du prince Albert, est mort en 1892, à trente-deux ans, dans un asile, traité par le même psychiatre que Virginia ; sa demi-sœur, Laura, la fille de Leslie et Minny, décrétée « imbécile » et « folle », jugée trop dangereuse, ne vit plus à Hyde Park Gate depuis longtemps – elle mourra à l'asile en 1945. Leslie lui-même semblait sujet à des accès de mélancolie…

Laura Makepeace Stephen.

Tout cela est peut-être vrai. Pourtant, Virginia apparaît surtout comme une adolescente d'une grande sensibilité qui s'effondre sous le choc de la mort de sa mère. Elle tombe malade, est agitée, sujette à des insomnies, refuse de se nourrir, exprimant par sa dépression et les soins qu'elle réclame qu'elle existe et vit, alors qu'autour d'elle le temps semble s'être arrêté, qu'il n'y a plus d'autres bruits que le froissement des robes de deuil et les chuchotements affligés des visiteurs se pressant auprès du veuf tourmenté et inconsolé.

Quel autre moyen de se rappeler à l'existence que cette dépression ? Quel autre moyen d'encaisser le choc que de se réfugier dans une bulle coupée d'un réel insupportable ? Car non seulement elle perd sa mère, mais tout l'équilibre de la maisonnée est transformé. Une promiscuité gênante s'introduit dans la famille : le père veut éduquer ses enfants alors qu'il n'a aucune patience. Gerald et George se montrent très collants avec leurs jeunes sœurs et font preuve d'une affection débordante, intrusive. Stella se retrouve dans une position ambiguë avec un beau-père exigeant beaucoup d'attention. Seule Vanessa parvient à échapper à cet étau grâce à ses cours de dessin. Quant à Virginia, elle s'en sort à sa manière en occupant involontairement la position de « malade », en inquiétant son entourage, en devenant l'objet de soins « maternels ».

Les premiers écrits de Virginia s'arrêtent en 1895 avec la fin des « Hyde Park Gate News », le petit magazine familial tenu avec Vanessa et Thoby. Quand ils reprennent, deux ans plus tard, dans ses premiers journaux de 1897, ils montrent une jeune fille qui n'a aucune activité indépendante extérieure – ce qu'elle compense par la lecture et l'apprentissage du grec avec une professeure à domicile – que l'on occupe à des travaux de jardinage recommandés par son médecin et qui soi-disant conviennent mieux à ses nerfs fragiles. Pour le reste, sa vie est rythmée par les allées et venues des uns et des autres qui, eux, sortent et se déplacent librement pour leurs études ou leurs cours de dessin, et par ses échanges épistolaires. Ce moment particulier de son adolescence est accompagné par sa demi-sœur Stella Duckworth. On a peu de photos d'elle ; la plus connue est celle où elle pose avec Virginia et Vanessa. Avec leurs robes à col montant, leurs chignons, on a l'impression de contempler les sœurs Brontë. La ressemblance entre elles, accentuée par le noir et blanc, par les tenues, les coiffures en bandeau et chignon, presque identiques, est frappante : la finesse des traits, l'ovale du visage, la courbe des lèvres.

Stella était très proche de sa mère et lui était très dévouée, de la même façon que Julia l'était envers Maria Jackson, dont elle s'occupera jusqu'à sa mort à Hyde Park Gate, en 1892. Elle la suivra dans la tombe trois ans plus tard. Stella disparaîtra deux ans après avoir perdu sa mère. Certains liens ne pardonnent pas et enchaînent jusqu'à la mort.

Rien ne laissait pourtant présager une telle issue. Le journal de 1897 montre Virginia tout occupée par l'histoire d'amour et les préparatifs de mariage entre Jack Hills, jeune notaire et futur membre du Parlement, et Stella qui, aux termes d'une cour zélée, a enfin accepté de l'épouser.

Vanessa Stephen, Stella Duckworth, Virginia Stephen.

La vie semble reprendre ses droits, imposer son rythme et chacun s'en réjouit, même l'ombrageux Leslie. Et puis le drame s'invite avec une brutalité inouïe.

Le mariage a lieu en avril. À son retour de voyage de noces, Stella tombe malade. Péritonite ? On sent dans le journal de Virginia sa peur croissante alors qu'elle voit de nouveau les proches se précipiter à Hyde Park Gate, la mine tremblante, pour prendre des nouvelles. La jeune fille inquiète – qui prend le temps de raconter l'incendie du Bazar de la Charité – connaît une nouvelle crise, si bien qu'on lui recommande : « Plus de leçons, du lait et des médicaments… » En raison de son état, elle passe désormais la plupart de son temps chez Stella, qui réside tout près au 24, Hyde Park Gate et semble assez remise pour l'accueillir. En juin, Stella, qui a fêté ses vingt-huit ans un mois plus tôt, fait une rechute. Appendicite ? En juillet, elle semble aller mieux. Le journal de Virginia s'arrête le 10 juillet et reprend le 27, ces dix-sept jours passés sont narrés rétrospectivement : Virginia, fiévreuse, reste alitée chez Stella du 13 au 17 avant d'être ramenée chez elle parce qu'on doit opérer Stella. Le 19, elle apprend, à trois heures du matin, la mort de sa demi-sœur.

La voilà de nouveau jetée dans le grand tourbillon de la mort. D'autant plus inexplicable, brutal et cruel qu'elle touche un être jeune, une promesse d'avenir. De nouveau la maison est envahie par des proches qui se repaissent de la douleur. De nouveau un veuf inconsolable va jeter son dévolu sur sa prochaine victime, la jeune Vanessa, l'aînée des Stephen à la beauté marmoréenne qui, du haut de ses dix-huit ans, se montre déjà si pleine de bon sens, si pragmatique. Mais sous son apparente docilité, cette jeune fille aux faux airs de Camille Claudel cache une force de caractère peu commune et ne rêve que de création. Elle accepte de faire ses débuts dans la société, d'accompagner son frère George à des bals et des soirées mondaines, de servir le thé aux invités de son père, un vieil homme sourd, autoritaire, prompt à s'emporter, tout en poursuivant avec une assiduité qu'elle sait vitale son apprentissage de la peinture. Vanessa se rend seule, en vélo, trois fois par semaine, à ses cours à dix minutes de Hyde Park Gate. Là, dans cet atelier crasseux et miteux, elle oublie tout ce qui n'a pas trait à son art, à sa passion.

Virginia passe, elle, beaucoup de temps confinée entre les quatre murs de sa maison ; elle apprend le grec, elle dévore les livres que Leslie lui recommande, à la grande fierté de ce dernier, elle observe les uns et les autres, le monde des conventions, en bas, au salon, et le monde de l'intellect, en haut, dans le bureau de son père. Elle réussit à sortir entière du choc extrême de cette double perte, Julia puis Stella. Comment fait-elle ? L'effet tribu a sans doute joué comme pour Leonard. La solidarité de la famille nombreuse, les sollicitations familiales ne laissent pas de place ou si peu au chagrin. Le seul à s'y livrer, c'est Leslie. Les enfants, eux, sont pris en charge et distraits par les aînés George et Gerald.

Et puis, les conventions forment comme un emplâtre sur les fractures de l'âme. Elles compriment, cachent, maintiennent. Enfin la complicité entre les deux sœurs, elles partagent la même ambition, le même sentiment de rébellion vis-à-vis des pesanteurs de leur milieu, les unissent dans une solidarité féminine qui la sauve, la protège. Virginia encaisse les coups comme elle peut, mais elle les encaisse et se relève.

Deux ans après la mort de Stella, son journal témoigne de ce changement. Finies les simples annotations. Elle ne fait plus la chronique des allées et venues des uns et des autres. Elle entre dans le métier d'écrire. Son journal devient le lieu d'une pratique de l'essai. Elle entretient un nouveau rapport au temps, au monde. Centrée sur elle-même, elle se sert de ce qui l'entoure, s'en détache, pour mieux le décrire.

Inaugurant le nouveau millénaire, elle écrit en 1901, à dix-neuf ans, ces mots d'une lucidité rare : « La seule chose dans ce monde est la musique, la musique et les livres et un ou deux tableaux. Je vais fonder une colonie où il n'y aura pas de mariage – sauf s'il vous arrive de tomber amoureux d'une symphonie de Beethoven – aucun élément humain, sauf ce qui vient à travers l'Art – rien qu'une paix idéale et une méditation sans fin. Ce monde des humains devient trop compliqué, je m'étonne même que nous ne remplissions pas davantage les asiles d'aliénés : la vision insensée de la vie a beaucoup pour elle, c'est peut-être la seule qui soit saine après tout, alors que nous autres, tristes, sobres et respectables citoyens, délirons vraiment à chaque instant de nos vies et méritons d'être enfermés à perpétuité… »

Puis, en mai 1903, s'adressant à son frère Thoby : « Je n'ai plus personne maintenant avec qui discuter et cela me manque. Je dois dénicher dans les livres, péniblement et toute seule, ce que tu obtiens chaque soir, assis au coin du feu, en fumant ta pipe avec Strachey, etc. Pas étonnant que mes connaissances soient si insuffisantes. Il n'y a rien de mieux que la conversation pour vous éduquer, j'en suis sûre. »

C'est sans doute cette année-là, en 1903, qu'a lieu la première rencontre entre Leonard et Virginia, à Cambridge où les deux sœurs sont venues voir leur frère avec Leslie. Mais on peut la qualifier de fausse rencontre. Pourquoi ? Parce qu'elle n'est pas décisive, même si elle en possède en apparence tous les traits canoniques : « La scène de rencontre [...] appartient de droit au code romanesque, elle y figure avec son cérémonial et ses protocoles. L'action qu'elle met en œuvre est différente de toute autre dans la mesure où, plus qu'une autre, elle pose un commencement et détermine des choix qui retentiront sur l'avenir du récit et sur celui des personnages ; ceux-ci la subissent le plus souvent comme un ouragan et une rupture, parfois comme un investissement lent ; ils l'éprouvent toujours (du moins l'un d'entre eux) comme une naissance et comme un engagement qui les entraîne malgré eux[1]. »

Cette première fois, en effet, Leonard, saisi, en plein ravissement, ne tombe pas amoureux de Virginia, mais du tableau que forme l'ensemble de la famille. D'ailleurs, il avoue même à l'époque un penchant pour Vanessa en raison de sa ressemblance avec Thoby.

On l'imagine, à l'arrêt, sur le seuil face à Virginia et Vanessa qui, accompagnées de leur chaperon, se tiennent

---

1. Jean Rousset, *Leurs yeux se rencontrèrent. La scène de première vue dans le roman*, José Corti, 1981.

immobiles, silencieuses. Puis il est présenté à Leslie. Ce dernier l'interroge sur ses études. Leonard s'assoit à côté de lui, est obligé de crier dans le cornet acoustique de ce vieux monsieur intimidant et d'une exquise distinction qui porte sur son visage les marques d'une noble souffrance, et qui passé la première impression de froideur se montre d'une grande cordialité. Leonard fait ce qu'il peut pour se concentrer, mal remis de sa première vision, incapable de contrôler comme dans toute situation inquiétante ses mains, un léger handicap qu'il attribuera durant sa vie à une peur profonde, physique et mentale.

> Je les vis pour la première fois un après-midi d'été dans la chambre de Thoby ; en robes blanches et capelines, une ombrelle à la main, elles étaient d'une beauté à couper le souffle, littéralement. Soudain, en les apercevant, tout, votre respiration y compris, s'arrêtait pendant une seconde comme si, dans un musée, vous vous trouviez face à un tableau de Rembrandt ou de Velásquez, ou qu'au détour d'une route vous découvriez en Sicile le temple charmant de Ségeste. Elles étaient à l'époque, du moins en apparence, les plus victoriennes des jeunes dames victoriennes [...]. Vanessa et Virginia étaient aussi très silencieuses ; n'importe quel observateur superficiel aurait pu les croire demeurées [...]. Mais un véritable observateur aurait remarqué un regard qui lui aurait conseillé de se montrer prudent, un regard qui démentait toute stupidité, un regard d'une grande intelligence, hypercritique, satirique, sarcastique [...]. Il était presque

impossible pour un homme de ne pas tomber amoureux d'elles et je crois que c'est ce qui m'arriva sur-le-champ...

C'est un Leonard extatique, encore sous le choc, qui se souvient. Le frère, le père, vieillard vénérable et imposant, ses filles à la beauté renversante : toute la famille se trouve prise dans ce prisme éblouissant. Les Stephen possèdent une présence et une beauté physique remarquables. Ils semblent presque appartenir à la race des dieux. Ils ont une sorte d'authenticité que Leonard ne croit pas posséder. Mais ils n'échangent pas un mot. On se demande même si leurs regards se croisent.

Il est peu probable que Virginia ait remarqué ce jeune homme. Son premier souvenir concernant les amis de son frère est un bal de mai à la même époque à Cambridge, le Trinity Bal. Comme Thoby ne connaissait pas grand monde, elles ont peu dansé. Le seul étudiant à être mentionné est Clive Bell, qui leur rendra visite par la suite à Hyde Park Gate.

La vraie rencontre entre Leonard et Virginia est encore à venir. Mais il faudra pour cela un océan entre eux, beaucoup de tragédies et de ruptures.

PHOTO PAGES 62-63
Vanessa Stephen (à droite), et une amie de la famille, Susan Lushington.

3 • DEUX ÊTRES EN RUPTURE

LES TRAVERSÉES DE LEONARD

En 1904, les merveilleuses années d'études, d'amitiés, de rires et de conversations à Cambridge se terminent par un véritable drame : Leonard échoue à ses examens. Il l'apprend par courrier alors qu'il est retourné à Putney, dans sa famille. Totalement désespéré, il annonce à Lytton la fin de tous leurs rêves :

> Par Dieu, c'est une catastrophe. Je l'ai appris il y a une heure à peine : je suis 65ᵉ ! C'est absolument sans espoir. Je suppose que cela devrait m'être égal et ça

l'est, d'une étrange et réelle façon, mais je sombre face à ces visages solennels pleins de tristesse, et je sais ce qu'ils n'osent pas encore me dire. J'aimerais tellement, tellement te parler. Je n'ai pas encore vraiment décidé ce que j'allais faire. Enseigner, je suppose, et, de préférence si tu peux m'aider, à Holland House. Mais d'un autre côté, j'ai découvert à la suite d'une conversation avec mon frère Herbert que l'état de nos finances était pire que je ne le pensais, donc le barreau est impossible. À leur avis, même s'ils ne me le disent pas, je dois choisir les colonies pour la stabilité et un meilleur salaire.

Cette réaction à chaud disparaît plus tard dans l'autobiographie où les faits sont racontés avec plus de sécheresse :

Je suis resté cinq ans à Trinity. J'y étais allé avec la vague intention de devenir avocat, ayant annoncé, tout petit, que je ferais comme Papa et que je me rendrais tous les matins en calèche à King's Bench Walk. Mais il ne me fallut pas longtemps pour changer d'avis. Je décidai d'entrer dans la fonction publique en espérant, en tant qu'étudiant de Trinity, être assez bien placé aux examens pour obtenir un poste au ministère de l'Intérieur… J'étudiais peu à Cambridge, si étudier signifie assister à des cours magistraux, lire et se bourrer le crâne afin d'obtenir les meilleures places à un examen. Je détestais les cours magistraux, et comme à Trinity les autorités n'insistaient pas pour que les élèves les suivent assidûment, je m'y présentais rarement. Je préférais me gorger de littérature grecque, latine, anglaise et française, même si ce n'était pas le genre de régime qui vous garantissait la réussite aux examens [...]. Le résultat, c'est que je récoltai de mauvaises notes et échouai lamentablement. Le mieux que je pouvais espérer, c'était une place aux Postes et télécommunications ou au Trésor public. J'avais dépassé la limite d'âge pour l'Inde et je ne me voyais pas passer toute ma vie dans un bureau à Somerset House ni aux Postes, je décidai donc de prendre rendez-vous au Service colonial appelé alors «Eastern Cadetships». Je posai ma candidature pour Ceylan, la plus ancienne colonie de la Couronne britannique. Étant assez bien placé sur la liste, j'obtins ce que j'avais demandé.

Voilà donc, du jour au lendemain, Leonard transformé en fonctionnaire colonial. L'helléniste, le philosophe en herbe, obligé d'abandonner ses espoirs, ses ambitions, se révèle dans cette épreuve. Il réagit en homme d'action, doté d'une formidable capacité d'adaptation. Le départ est mené tambour battant en compagnie des œuvres complètes de Voltaire, ce qui en dit long sur l'état d'esprit critique qui accompagne ce sacrifice pour le bien de la famille, par sens du devoir :

> Je me retrouvai donc à mon grand étonnement et, il faut l'avouer, désarroi, au Ceylan Civil Service [...].

Les semaines qui suivirent, jusqu'à ce que je grimpe finalement sur la passerelle du *P. and O. Syria (Peninsular et Oriental)* à Tilbury, filèrent comme dans une sorte de rêve kaléidoscopique. J'achetai des vêtements tropicaux et un casque colonial au Surplus de l'armée et de la marine; je pris des leçons d'équitation à la caserne de Knightsbridge, une expérience terrifiante, puis à Richmond Park, un antidote plaisant [...]. Je rassemblai tout ce que je comptais emmener à Ceylan, ce qui incluait les quatre-vingt-dix volumes des œuvres complètes de Voltaire dans une belle édition du XVIIIe siècle imprimée en Baskerville, et un fox-terrier à poil dur. Puis je plongeai enfin; les eaux se refermèrent sur moi; je pris le train pour les quais de Tilbury.

Ce jeune homme qui n'a jamais quitté son pays, qui a vécu toutes ces dernières années dans le monde clos, feutré, protégé de Cambridge, s'engage en quelques semaines pour une aventure inconnue à destination de contrées plus que lointaines. À sa façon, il s'inscrit ainsi modestement dans la lignée de ces fameux « Anglo-Indians », ces représentants d'un passé colonial qui fait partie intégrante de l'héritage de certains de ses amis : le parrain de Lytton était vice-roi des Indes, son père, officier dans l'armée coloniale ; Duncan Grant, cousin de Lytton, était le petit-fils d'un lieutenant-gouverneur du Bengale ; et la grand-tante de Virginia, Julia Margaret Cameron, née et mariée à Calcutta, ira rejoindre son mari en 1875, à soixante ans, à Ceylan, sur sa plantation de café (en emportant deux cercueils dans ses bagages).

Sur le bateau, désamarré de tout son passé qui lui paraît d'un coup aussi irréel qu'un rêve, Leonard se retrouve, pendant trois semaines, à jouer aux cartes, amuser les dames, souffrir de la promiscuité, de l'ennui, de la bêtise ambiante, malgré quelques rencontres intéressantes : une jeune fille plus vive et délurée que les autres ; un supérieur hiérarchique, ancien d'Oxford, lettré, qui aurait pu être un Apôtre.

À Jaffna, dans le nord-ouest de l'île, il apprend son métier sur le tas, comme il l'expliquera en 1965 dans un entretien enregistré[1]. Il est ensuite envoyé à Kandy et enfin à Hambantota, sur la côte sud de l'île, où il sera le seul Blanc. Ce dont il ne se plaindra pas, préférant vivre au milieu de ces villages perdus dans la jungle plutôt que de mourir d'ennui parmi les planteurs.

> Je pense que Ceylan et l'Inde sont les seuls endroits où l'on peut vivre, enfin ils le seraient si seulement il s'y trouvait des gens respectables. Ce sont des pays fascinants, d'une incroyable beauté. Dans l'état actuel des choses, c'est à la limite du supportable parce qu'il n'y a personne, à Jaffna du moins, que l'on puisse apprécier ou à qui l'on puisse s'intéresser ou avec qui on puisse parler. Ils ne sont pas du tout comme je m'y attendais, très gais et sportifs ; ils sont presque

---

1. Interview conduite par Michael Roberts. Numérisée par Special Collections, Barr Smith Library, université d'Adélaïde, Australie.

tous déprimés et mélancoliques. Ils ne s'intéressent qu'à leur travail et après le dîner vont dormir dans des chaises longues.

Il aime la beauté austère des paysages changeants de l'île qu'il parcourt sans cesse, non seulement au gré de ses postes, mais en raison même de ses fonctions. Son efficacité et sa capacité de travail sont telles qu'on lui confie au bout de trois ans seulement la charge de tout un district : Hambantota. Une région aride et pauvre à l'époque (elle possède aujourd'hui un aéroport), dont il est administrateur, juge, maire, parce que ainsi fonctionnait l'administration coloniale à Ceylan.

Un extrait de son journal de Hambantota, publié dans *The Ceylon Historical Journal* en 1959, montre son activité débordante :

11 juin. Réunion avec le comité scolaire du district. Je suis allé inaugurer une école publique à Hambantota... *12 juin*. Longue réunion avec la société agricole. Si personne ne réagit, la perte de tous ces buffles à cause de la peste bovine se révélera désastreuse... Il n'y a qu'un moyen, j'en suis convaincu, de sauver la situation, c'est d'introduire la charrue. Je veux avoir le soutien des propriétaires influents, les pousser à acheter des charrues, à entraîner le bétail... *5 juillet*. Randonnée à cheval autour de Karaganara pour vérifier s'il reste de l'eau pour le bétail. Il y en a

Leonard, administrateur colonial à Hambantota.

encore beaucoup. *27 janvier.* Le ranger me dit qu'il a aperçu une éléphante avec trois petits dont deux avaient des défenses... Il est probable qu'ils étaient tués illégalement auparavant et que la présence du ranger et d'observateurs empêchent désormais le braconnage, d'où leur croissance. *17 février.* Mise en vente de 80 lots à Warapitiya Village. Une large foule présente. Au milieu de la procédure, les gens s'écartent pour laisser passer un homme au visage à moitié rasé qui se jette à mes pieds. Il se plaint que le barbier du bazar (apparemment le seul de tout Walasmulla), après l'avoir rasé à moitié, a refusé de continuer s'il ne payait pas 50 cents. Le prix d'un rasage étant de 5 cents. On a envoyé chercher le barbier... On a décidé qu'il devait finir son travail sans réclamer d'argent et que s'il blessait son client, il lui verserait 50 cents. L'opération s'est déroulée sous un cocotier devant un large public. *6 mars.* Préparé une expérience de culture de coton que je vais essayer sur le terrain que le gouvernement m'a alloué comme jardin pour mes expériences.

On le lit entre les lignes, il le dit dans son journal, il est tombé amoureux du pays, de ses habitants, de leur façon de vivre si différente de tout ce qu'il a connu et de ses propres racines familiales. Il est curieux de la vie qu'il découvre. Il apprend le tamoul et le cinghalais, se familiarise avec la culture, les traditions, la jungle. Il mène une vie active, en phase avec le réel, souvent aux prises avec la vie et la mort, qu'il s'agisse de gérer des récoltes ou de rendre des sentences d'exécution. Une *vita activa* et non plus une *vita contemplativa* qui le rend heureux, qu'il embrasse à plein corps. Il a ce goût des Autres de l'ethnographe. Il est ce «voyageur honnête» dont parlera Lévi-Strauss dans *Tristes tropiques*, qui cherche à faire l'expérience de l'altérité et non à se mettre en scène. Il est heureux malgré la surcharge de travail, profitant de son bungalow près du port et surtout de l'absence d'Européens. Il s'immerge dans sa tâche. Il en tirera un livre, *Le Village dans la jungle*, publié en 1913, considéré aujourd'hui comme une parfaite description sociologique et ethnographique du sud-est de l'île au début du XXe siècle. Il en sortira anti-impérialiste tout en reconnaissant avoir eu une position ambivalente, voire schizophrène, puisqu'il voulait faire de son district celui qui possédait la meilleure administration de toute l'île.

> Après trois années passées à Ceylan, j'avais sorti de mon esprit, et de ma vie, presque délibérément, tout ce que je considérais comme important avant de quitter l'Angleterre. Je m'immergeai dans mon travail, devint obsédé par lui. Mais seulement d'un côté. Je détestais le côté européen, le côté sahib blanc [...] Je suis profondément ambitieux, mais je ne voulais pas devenir un impérialiste qui réussit, un secrétaire colonial ou Gouverneur [...]. Je tombai amoureux du pays, de ses habitants, et de leur façon de vivre. Tout était si différent de ce que j'avais connu à Londres et à Cambridge. Pendant presque trois ans, je travaillais du matin au soir

Photographie de la plantation de Charles Hay et Julia Margaret Cameron, à Ceylan.

> et je pensais rarement à autre chose qu'au District et à sa population, à accroître leur prospérité, à diminuer la pauvreté et les maladies, à lancer des travaux d'irrigation, à ouvrir des écoles. Il n'y avait aucune sentimentalité là-dedans ; je n'idéalisais pas, je n'embellissais ni les habitants ni le pays, je les aimais simplement d'un point de vue esthétique, humain et social...

Ce jeune homme très audacieux finit par se faire des ennemis, en particulier son supérieur dont il ose remettre en question certaines décisions. Il s'interroge de plus en plus sur son futur alors que la date de son congé d'un an approche. Il déteste ce qu'il nomme l'aspect impérialiste de sa profession. Il sait qu'il pourrait être promu au gouvernement central, à Colombo, prétendre à un poste haut placé, mais s'il aime le pouvoir, il lui préfère la liberté, l'indépendance. C'est dans cet état d'esprit qu'il rentre en Angleterre avec sa sœur Bella qui a épousé le directeur des jardins botaniques de Ceylan, les Peradenuya Gardens, et qui, bien qu'on le mentionne rarement, est une auteure de romans pour la jeunesse. Elle écrira aussi un guide touristique sur Ceylan qui aura du succès, avant de devenir, par son second mariage, Lady Southorn, l'épouse du secrétaire colonial de Hong Kong.

Bella Sydney Woolf, épouse de lord Southorn.

Ces sept années formatrices forgent la conscience politique de Leonard et font de lui un homme engagé. Elles lui donnent une expérience profondément humaine que ses compagnons restés à Londres ne possèdent pas. Elles expliquent une attitude de réserve, de retrait par rapport aux excentricités de Bloomsbury. Elles n'effacent pas cependant l'étudiant de Cambridge. Malgré les déboires, les confrontations avec la réalité, Leonard reste le jeune homme idéaliste qui s'était embarqué sept ans plus tôt. Il rêve encore de devenir écrivain. Il ne le sait pas mais, à son retour, il devra renoncer à cette illusion en épousant Virginia, se résoudre au fait que c'est elle, le grand homme, car même s'il écrit deux livres avant qu'elle ne publie le sien, elle porte ce désir, cette ambition de devenir écrivain plus haut que lui, prête à tout y sacrifier. La vie a rendu Virginia profondément, intimement féministe, et elle se devine l'égale des grands romanciers.

LES TRAVERSÉES DE VIRGINIA

Virginia n'en a pas fini avec la mort. Les deuils successifs, ce sont ses traversées à elle. Rappelons la chronologie maudite qui a fait de Hyde Park Gate cette « maison des morts » qu'évoque Henry James. 1895 : Julia ; 1897 : Stella ; 1904 : Leslie. Et la liste va encore s'allonger.

Pendant deux ans, Leslie Stephen, son père, atteint d'un cancer, lutte contre la maladie. Il est l'objet de soins constants qui exigent la présence permanente d'une infirmière. Deux années de rechutes, de rémissions et d'une longue agonie. Pendant tout ce temps, chacun semble mener sa vie : Vanessa, entrée à l'école de peinture de la Royal Academy, effectue un voyage en Italie avec Gerald ; George devient secrétaire du député conservateur Neville Chamberlain ; Thoby et Adrian sont à Cambridge. Virginia, elle, ne quitte pas la maison. Installée dans l'ancienne chambre de nuit des enfants aux murs blancs, aux rideaux bleus, elle lit, écrit debout sur son haut bureau, se lance dans la reliure et tient un journal qu'elle compare à un carnet d'esquisses : de sa plume, elle trace les formes qui lui viennent à l'esprit dans un exercice d'observation et d'écriture. La jeune femme fait en sorte de mener une vie intellectuelle pleine malgré son isolement, de compenser comme elle le peut l'absence d'échanges, de conversations que ses frères entretiennent à Cambridge.

Sa fragilité nerveuse la force à un étrange immobilisme. Elle n'est pas, elle, une recluse comme Emily Dickinson, mais elle ne participe guère à l'agitation mondaine des jeunes filles de son âge et de son milieu. Bien sûr, Gerald et George y veillent et tentent de l'obliger à paraître dans le monde, surtout depuis que Vanessa s'y est révélée une véritable calamité. Mais Virginia ne vaudra pas mieux, plaçant, malgré elle, ses demi-frères dans des positions embarrassantes. En fait, comme sa sœur, elle se débrouille pour éviter un destin (le mariage) tout tracé.

À l'épée de Damoclès que représente la maladie de son père, s'ajoute une autre nouvelle tout aussi perturbante : les Stephen et les Duckworth, présageant la disparition prochaine de Leslie, s'apprêtent à mettre fin à leur cohabitation de famille recomposée et comptent se séparer de Hyde Park Gate. Virginia parle de cette décision comme si cela la concernait à peine, mais surtout comme si elle la regrettait, sans trop oser le dire. « Gerald a parlé avec Vanessa et partage fortement notre point de vue, il dit que nous devons bien sûr quitter cette maison ; il veut prendre un logement séparé. Je crois que cela fait longtemps qu'il le souhaite. Il a dit qu'il sentait bien que Georgie et lui étaient d'une autre génération, plus âgés, et que nous devions faire nos vies indépendamment d'eux. Il a dit que nous devrions prendre une petite maison à Bloomsbury si possible, pour nous quatre [...]. Nous avons traîné dans Bloomsbury cet après-midi [...] et vu des immeubles miteux. Il y en a beaucoup à l'offre mais, Seigneur, comme ils sont tristes ! Tout paraît si excentré, si glacial et si désolant, mais je suppose que c'était à cause du froid et de la nuit. Vraiment nous ne trouverons jamais une maison que nous aimerons autant que celle-ci, pourtant il vaut mieux partir. »

Le 22 février 1904, Leslie meurt après avoir subi une opération, laissant sa fille aux prises avec des sentiments ambivalents envers cette figure de tyran domestique et le père qui lui a ouvert le monde des lettres, l'a formée intellectuellement, a été essayiste avant elle. Il a dû se retrouver dans sa cadette qui lui ressemble physiquement, possède la même curiosité intellectuelle, la même vivacité d'esprit, alors qu'il partage peu de choses avec Vanessa, totalement tournée vers l'art. D'autant que cette dernière a, malgré elle, « hérité » de la place de Stella à la tête de la maisonnée, et qu'elle se voit ainsi régulièrement soumise aux critiques de son père qui en abuse en bon tyran domestique.

Virginia, elle, hérite de la bibliothèque de Leslie, qui compte plus de mille ouvrages. Et de bien davantage encore. Comment ne pas penser qu'elle lisait tous les articles publiés par son père alors que c'est à elle qu'il reviendra d'aider son biographe Fred Maitland après sa mort ? Comment ne pas imaginer que l'intérêt de Leslie pour les romancières célèbres de son temps (il a écrit une biographie de George Eliot) n'ait pas eu un effet profond sur sa fille et qu'elle n'ait pas retrouvé quelque chose de son propre plaisir de lecture dans cette critique publiée dans le *Cornhill Magazine* : « La particularité spécifique de miss Brontë semble être le pouvoir de nous révéler la potentialité de passions intenses qui se cachent derrière le décor de la vie quotidienne [...]. Même les objets les plus banals tels qu'une rangée de lits dans un dortoir sont naturellement associés aux émotions les plus profondes. Miss Austen vous fait croire qu'un thé dans un presbytère provincial peut être aussi amusant que la plus brillante réunion de célébrités cosmopolites ; et miss Brontë qu'il peut rassembler des personnages capables de secouer des empires et de découvrir de nouveaux mondes. Tous les rouages se trouvent dans un état d'intense activité électrique bien qu'il n'y ait ni coups de tonnerre ni éclairs pour épater la galerie.»

Sa mort est un soulagement, finies les inquiétudes, les angoisses dues à son état de santé, elle marque aussi pour Virginia la fin d'un monde déjà déserté par Julia et Stella. Elle ne montera plus le voir dans son bureau tout en haut de la maison. Elle est soudain prise de remords, elle ne s'est pas assez occupée de lui, elle ne l'a pas aidé autant qu'elle aurait dû le faire, elle regrette de ne pas lui avoir consacré plus de temps, de ne pas lui avoir dit toute son affection. Et elle n'a personne à qui se confier : Thoby est trop réservé, Adrian trop jeune et Vanessa a déjà la tête ailleurs. Le chagrin s'installe en elle, comme une eau souterraine. En avril, frères et sœurs partent en voyage sous la houlette de Gerald – c'est la première fois qu'elle quitte son pays. Ils visitent Venise, Florence et Paris. Ils y croisent Clive Bell qui les emmène visiter l'atelier de Rodin. Là, elle apprend que leur maison a trouvé preneur.

Le voyage l'a fatiguée, contrairement à sa sœur qui profite de tout et visite allègrement églises, musées, ateliers ; Virginia supporte mal la cour que fait Clive à Vanessa et craint peut-être de la perdre bientôt elle aussi ; elle sait qu'elle va devoir quitter le seul élément stable de sa vie, Hyde Park Gate, le foyer d'une enfance heureuse. Toujours est-il qu'à son retour, dans les chaleurs de l'été, elle traverse de nouveau une crise profonde : insomnies, agressivité, refus de se nourrir, hallucinations auditives – elle entend des oiseaux chanter en grec, elle aperçoit le nouveau roi Édouard VII caché dans les buissons, rapporte la légende. S'ensuit une longue crise d'un an, si bien qu'elle ne s'occupera pas du tout du déménagement dans le quartier de Bloomsbury et n'y assistera pas. Elle sera ailleurs. Elle vivra dans un état qui lui permettra d'être dans son temps à elle. Sa souffrance s'exprime de cette façon. Elle n'a pas le choix. La folie serait de se taire.

Grâce à deux femmes, deux « vieilles filles », qui, sans être mariées, ont des vies pleines, cette crise va marquer aussi la naissance de Virginia en tant qu'écrivain, l'aider à affiner son désir d'écrire. Son premier article paraîtra le 21 décembre de cette année-là, non signé, dans le *Guardian*. Il traite d'une visite à Haworth, le manoir des Brontë, une autre « maison des morts ».

Le premier soutien de Virginia est Violet Dickinson, une amie de Stella. Des photos de cette femme célibataire, très grande, plus d'un mètre quatre-vingts, et de sa maison de campagne, à Welwyn, dans le Hertfordshire, au nord de Londres, figurent dans l'album photo de la demi-sœur de Virginia. Financièrement indépendante, socialement très connectée, cette fille du maire de Bath, qui vit avec son frère, à trente-sept ans, se distingue de toutes les autres connaissances de Virginia du même âge. Drôle, sincère, iconoclaste, elle l'épaule, la réconforte avec son bon sens, son humour. Virginia passera l'été auprès d'elle, avec trois infirmières pendant toute la durée de la crise qui se révèle violente : elle fait sa première tentative de suicide en voulant se jeter par une fenêtre, heureusement pas très haute.

Violet Dickinson.

(Étrangement, on mentionne le même incident pour Thoby atteint de fièvre dans sa pension en 1894, qui a brisé une vitre et enjambé la fenêtre[1]...)

À la fin de l'été, Virginia n'est pas jugée suffisamment rétablie pour revenir à Londres où Vanessa et Thoby organisent le déménagement au 46, Gordon Square. Un quartier mal fréquenté, où ils ne connaissent personne, qui ne correspond pas à leur milieu, mais qui est proche de la Slade School, l'école d'art que fréquente Vanessa, et leur permet de loger dans un appartement spacieux, aux murs clairs, avec de larges fenêtres ouvertes sur des jardins où chacun dispose de sa propre chambre. Vanessa est tout à son plaisir de la conquête de ce Nouveau Monde enfin débarrassé de Gerald et de George (ce dernier se mariera en septembre 1904). Virginia pour l'instant s'accroche encore à son passé, à sa façon.

Elle sera invitée pendant l'automne à Cambridge, au « Porch », le cottage de sa tante Caroline, la sœur cadette de Leslie, surnommée « The Nun ». Même si elle s'en moque gentiment dans ses lettres, cette femme qui mourra en 1909 après s'être occupée de sa mère puis de Leslie quand il était veuf et enfin de Laura, et qui s'est donc sacrifiée comme beaucoup de filles, de mères, de sœurs sous le règne victorien, les fameux « Anges de la Maison », cette femme écrit,

---

1. Hermione Lee, *Virginia Woolf*, Vintage Books, 1997; Random House, 2010.

et elle écrit même très bien. Dotée d'une spiritualité vivante, elle est devenue la porte-parole de sa foi quaker, célébrant ses « voix intérieures » et son propre chemin vers la vérité. Un personnage tout aussi formidable qu'excentrique dont Virginia se moquera souvent mais qui, comme Violet, lui offre une facette différente de la destinée féminine. Ces deux femmes que rien ne semble entraver représentent des modèles d'espaces de liberté féminins : « Je reviens tout juste d'un dimanche passé avec ma tante quaker [...]. Nous avons bavardé pendant environ neuf heures ; elle a raconté toutes ses expériences spirituelles puis est descendue sur terre pour devenir une vieille dame très sage et pleine d'esprit. Je n'ai jamais connu une personne qui possédait une telle ribambelle d'anecdotes – elles ont toutes une touche étrange, naturelle ou surnaturelle. Toute sa vie elle a écouté ses voix intérieures et dialogué avec les esprits, comme si elle voyait des fantômes ou plutôt des âmes sans corps, à la place des corps. Assise dans son jardin, entourée de roses, drapée dans ses châles et tissus volumineux, elle déverse sa sagesse sur tous les sujets. Tous les jeunes quakers viennent la consulter comme une sorte de prophétesse moderne. »

Caroline Stephen.

C'est elle qui encourage Virginia à écrire, avec l'appui de Violet qui, en faisant jouer ses relations, l'aidera à publier ses premiers articles pour le *Guardian* et le *Times Literary Supplement*, répondant à son appel exprimé dans sa dernière lettre avant la crise : « Oh, ma Violet ! si seulement tu pouvais me trouver un bon travail solide à faire pour mon retour, quelque chose qui me fera oublier ma propre stupidité, je t'en serais si reconnaissante. Je dois travailler. » Ce sont ces deux femmes qui, pour la première fois, prophétisent que Virginia deviendra un grand écrivain, qui reconnaissent son génie. Sa tante fera même de Virginia son héritière, lui assurant ainsi une sécurité financière et une indépendance réelle.

Deuils, frôlements avec la folie, telles sont les traversées de Virginia au moment où Leonard s'embarque pour Ceylan. Elle n'écrit aucune lettre entre mai et septembre 1904. Mais à partir de septembre, elle le dit elle-même, c'est comme si « une partie morte de moi-même renaissait à la vie ». Comme si cette crise l'avait aidée à franchir un cap, qu'elle avait accompagné les morts dans leur traversée par sa propre folie avant de renaître. L'année finit sous de meilleurs auspices. On sent Virginia heureuse avec les siens. La fratrie Stephen s'entend très bien. Ils passent leur premier Noël à quatre et, malgré les circonstances, cela n'a rien de triste.

1905 représente un répit pour Virginia. Son médecin la déclare guérie et l'autorise à reprendre toutes ses activités. Elle voit ses articles publiés dans les journaux, elle donne ses premiers cours de littérature et d'histoire à Morley, une université pour adultes. Elle vit avec ses frères et sœurs, sans contrainte. Elle est enfin en mouvement et effectue un voyage au Portugal avec Adrian. Sont surtout lancées les « soirées du jeudi », voulues et organisées par Thoby qui prépare ses examens du barreau. Le petit groupe de Cambridge, de nouveau londonien, se rassemble à Gordon Square après le dîner : Lytton, qui écrit désormais pour le *Spectator* et surveille de près les nouvelles recrues des Apôtres dont son ami John Maynard Keynes lui fait l'éloge, Saxon et Clive (qui demandera par deux fois Vanessa en mariage et sera refusé les deux fois). On pourrait presque croire que le temps s'est arrêté pour ce groupe d'amis, à cette différence près que leurs conversations incluent cette fois Vanessa et Virginia qui fréquentent seules, sans chaperon, des hommes célibataires jusque tard dans la nuit. Et se fichent du murmure de réprobation générale qui s'élève autour d'elles. Pour la première fois, ces jeunes gens qui ont le même âge se retrouvent sans adultes auxquels rendre des comptes. Cette liberté, cette mixité créent une atmosphère inédite, intense. Au point de tisser, alors qu'ils ne s'appellent pas encore par leurs prénoms, des liens d'une force surprenante.

PHOTO PAGES 88-89
James et Lytton Strachey, Thoby, Adrian
et Virginia Stephen.

En septembre 1906, la famille décide d'un voyage en Grèce et en Turquie. Vanessa et Virginia, accompagnées de Violet Dickinson, rejoignent leurs frères qui, partis en avance, parcourent le pays à cheval. Ils passent quatre semaines ensemble en Grèce. Puis Thoby rentre le premier à Londres en octobre. Vanessa tombe malade à Constantinople. Une crise d'appendicite ou bien un état d'épuisement physique et moral, ce qu'on appellerait aujourd'hui un « burn-out » ? Elle a dû s'occuper seule du déménagement tout en veillant sur sa jeune sœur et « l'affaire » Clive Bell la met à la torture. Elle l'aime bien, il l'intéresse, mais elle n'a absolument aucune envie de se marier. Le retour est avancé et se fait par l'Orient-Express. À Londres la famille découvre que Thoby est alité, atteint de malaria, croit-on. Puis, à son tour, Violet tombe malade et présente les mêmes symptômes que Thoby. L'un et l'autre sont atteints d'une maladie infectieuse, la fièvre typhoïde. Mal diagnostiquée, celle-ci emportera le plus jeune romancier de France, Raymond Radiguet, auteur du *Diable au corps*, en 1923.

Ces recommandations données quelques années plus tard par Vanessa à Duncan Grant, le cousin de Lytton, qui s'apprête à voyager, permettent de comprendre ce qui a pu se passer : « Quand je pense que tout le monde s'est retenu de nous donner des conseils avant notre départ pour l'Orient, en pensant que quelqu'un d'autre le ferait, je préfère me montrer insistante et autoritaire… Ne prends pas seulement de la Chlorodyne, comme le firent Thoby et Adrian, mais de l'huile de ricin et un supplément de Bromure... Ne te lave pas les dents avec de l'eau ordinaire[1]... »

Tandis que Violet se remet lentement – même si vaccin et antibiotiques ne sont pas encore au point, il existe divers traitements qui permettent la guérison si l'infection est prise à temps – Thoby, mal diagnostiqué, subit une opération effectuée dans l'urgence le 16. Il meurt le 20 novembre 1906 au matin, à vingt-six ans.

Le même jour, Virginia écrit à son amie Violet que tout le monde va bien, que c'est un peu long mais qu'il n'y a aucune raison de s'inquiéter. Pendant un mois entier, jour après jour, elle va continuer à mentir ainsi, par peur d'aggraver l'état de Violet, et inventer un Thoby vivant : il est en convalescence, il lit, il reçoit des visites, dessine des oiseaux, son appétit revient, il se fâche même avec les infirmières qui refusent de lui servir de la viande. Il parle du futur. Tout ceci est d'une tristesse absolue et rien n'est plus poignant à lire que cet effort démesuré pour préserver son amie. Non seulement Virginia ne peut demander à cette femme qu'elle aime plus que tout de la consoler, mais elle doit tricher avec le réel, avec ses propres émotions, les travestir avec une abnégation incroyable, mais peut-être aussi une part de folie nécessaire. Qui sait ? Cette façon de faire exister un Thoby joyeux, sur la voie de la guérison, lui a sans doute permis d'adoucir le choc de sa disparition, d'une violence rare.

Virginia se retrouve d'autant plus seule que Vanessa, qui a souvent reçu la visite de Clive pendant sa propre

---

1. Vanessa Bell, *Selected Letters*, 16 mars 1910.

convalescence, accepte finalement de l'épouser deux jours après la mort de Thoby. Pourquoi ce revirement ? Ils ont été plus souvent en tête à tête, ils ont eu des échanges plus intimes. Elle a appris à apprécier ses qualités, il est honnête, cultivé, il s'intéresse à l'art, comme elle, il est affectueux. Vanessa, tout à son nouveau bonheur et se débarrassant ainsi d'un fardeau qu'elle refuse de porter une seconde fois, elle déserte son rôle d'aînée et part faire la connaissance de sa belle-famille. Pour Virginia, la mascarade prendra fin le 17 décembre lorsque Violet tombera par hasard sur l'annonce du décès de Thoby mentionnée à la fin d'un article dans une revue mensuelle. Mais ce chagrin qui ne s'exprime nulle part, dans aucune lettre, ni avec son frère Adrian ni avec sa sœur Vanessa qui est dans ses rêves d'avenir, comment se dit-il ? Là encore, on a l'impression d'une eau souterraine qui monte en silence, canalisée pour l'instant par des barrages intérieurs. Adrian, avec lequel Virginia avait une relation distante, et elle passent un étrange Noël ensemble, à deux seulement, alors qu'ils étaient dix il n'y a pas si longtemps, en lisant à voix haute la biographie que Fred Maitland a consacrée à Leslie Stephen. Se dessine également la perspective pour eux de devoir déménager afin de laisser le 46, Gordon Square au jeune couple qui se marie en février 1907. Cette solitude que l'on devine chez Virginia, Leonard semble la partager à sa façon lorsqu'il répond à Lytton qui vient de lui annoncer la terrible nouvelle :

Je viens juste de recevoir ta lettre. Je ne savais rien. Les dernières nouvelles que j'avais eues, c'était par Turner qui venait de le voir et m'avait écrit qu'il se remettait. Je suis bouleversé, brisé. Si seulement j'avais quelqu'un à qui parler. Il y a une ou deux semaines seulement, je te disais, comme je te l'ai souvent dit et écrit, qu'il était notre ancre. Il nous surpassait tous par sa noblesse. Dieu, que la vie est une chose maudite, de longs moments d'insensibilité morne et puis cette insupportable amertume. Si seulement je pouvais te voir et te parler !

Traversées de la mort… En dix ans, Virginia perd dans une symétrie tragique, comme si les dieux s'amusaient : sa mère, sa sœur, son père, son frère. *Chaque fois unique, la fin du monde*[1] se répète pour elle. Impossible d'en sortir indemne. À vingt-cinq ans, quelle terrible leçon de désespoir et de vie… Les disparitions se succèdent. Le pire ne cesse de se produire et d'arriver encore. Pourtant elle tient le coup, comme Vanessa. Bien sûr, leur jeunesse les aide à aller de l'avant, mais on pense surtout à cette déclaration de Nietzsche : « Je ne cherche pas dans l'histoire les époques heureuses, mais celles qui offrent un terrain favorable à l'éclosion du génie. » Ces jeunes femmes ont quelque chose de nietzschéen. Face au tragique, elles choisissent l'affirmation de la vie, « une vie intense et triomphante », où l'art va opérer comme un fil d'Ariane grâce auquel

---

1. Livre de Jacques Derrida paru aux Éditions Galilée en 2003.

elles ne se perdront pas dans un labyrinthe de douleurs. Elles semblent accepter, à leur façon, la vie, sa cruauté, sa démesure « comme une puissance indescriptible et joyeuse » qui va leur permettre de se consacrer à leur passion, d'en renouveler les formes, chacune dans son domaine, littéraire et artistique. C'est en cela qu'elles sont fascinantes. Sans se laisser écraser, sans jamais sombrer, elles sortent de ces épreuves mille fois plus vivantes, prouvant qu'« il faut avoir en soi du chaos pour mettre au monde une étoile qui danse[1] ».

La vie fourmille. Vanessa épouse Clive Bell qui a passé ses journées à son chevet, qui était proche de Thoby et, sans doute, est celui qui parmi les anciens de Cambridge connaît le mieux les deux sœurs. Mais Lytton et Saxon sont aussi très présents. Autour de la figure de l'absent, un véritable cercle d'amis apostoliques se consolide et, désormais, ils s'appellent par leurs prénoms.

Virginia déménage pour la deuxième fois. Elle choisit seule leur nouveau logement, au 29, Fitzroy Square, où elle compte loger avec son frère Adrian, dans un quartier encore plus miteux, entre bureaux et petits ateliers d'artisans, comme le décrit Duncan Grant, leur colocataire, jeune peintre au charme fou, tour à tour amant de Lytton, Maynard Keynes et Adrian. Il décrit, dans un texte de souvenirs, une Virginia à la fois plongée dans un passé plus vivace que le présent et profondément curieuse des nouvelles expériences qui s'offrent à elle, même s'il lui faut

---

1. Nietzsche, *Ainsi parlait Zarathoustra*.

du temps pour en saisir toute la portée. Il conclut : « Si les Stephen défiaient les conventions de leur classe, c'était en étant intellectuellement honnêtes. Ils avaient beaucoup souffert, avaient lutté et étaient parvenus à un état d'esprit qui, je pense, eut une grande influence sur leurs amis… » Parce que Vanessa et Virginia ont traversé les enfers, et qu'elles se sont trouvées face à un véritable choix de vie, contrairement à leurs amis qui ont été épargnés, elles ont acquis une force, une maturité et un regard radical sur le monde qui les placent naturellement au centre d'un profond mouvement de renouveau.

La vie continue. Bloomsbury se retrouve et s'agrandit en incluant de nouveaux membres – pour des voyages, des concerts, des soirées, des discussions à n'en plus finir. Julian, le premier fils de Vanessa et de Clive, naît en février 1908 ; Quentin, deux ans après.

En février 1910, le canular du vaisseau de guerre le « Dreadnought » révèle une Virginia plus rebelle que prévu – elle participe au mouvement des suffragettes qui militent pour le droit de vote des femmes. Avec Adrian, Duncan et d'autres complices, ils se présentent comme un groupe d'ambassadeurs abyssiniens, un prince et sa suite, et demandent à visiter officiellement le navire amiral sur lequel ils débarquent, déguisés, des turbans sur la tête, le visage noirci. Ils sont reçus avec tous les honneurs. Personne ne les démasque. Et ce sont eux qui révéleront le canular en écrivant au *Daily Mirror*.

Le canular du «Dreadnought», 1910.
(De gauche à droite : Virginia, assise, Duncan, debout,
Adrian, debout, en chapeau melon.)

1910 marque surtout un tournant dans la vie artistique anglaise. Vanessa en sera partie prenante. Tout commence par la rencontre, dans un train ramenant Clive et Vanessa de Cambridge, avec Roger Fry, un descendant de quakers, ancien Apôtre plus âgé qu'eux. Peintre et critique d'art, il a travaillé pour J. P. Morgan lorsque ce dernier était directeur du Metropolitan Museum of Art, lui permettant d'acheter un Fra Angelico, mais aussi pour le milliardaire Henry Clay Frick – il a acquis en son nom un des Rembrandt actuellement exposés dans le musée de la collection Frick. Vanessa et Roger s'étaient déjà croisés, mais cette fois ils passent tout le voyage à bavarder. Ils ne se quitteront plus. Roger devient un familier du 46, Gordon Square. Il ouvre les Bell au monde des marchands d'art. Clive et Duncan l'accompagnent à Paris pour choisir des tableaux pour l'exposition qu'il compte organiser. C'est un homme au goût sûr, renommé, fou de Cézanne, qui va faire découvrir à Londres le mouvement post-impressionniste, regroupant des artistes présentés comme les successeurs de Manet : Gauguin, trente-sept tableaux ; Van Gogh, vingt, et Cézanne, vingt, sont au centre de cette exposition. Sans compter les œuvres de Maurice Denis, Picasso, Seurat, Signac, Vlaminck, Matisse, Derain. L'exposition, comparée à un tremblement de terre culturel, provoquera des réactions viscérales de moqueries, de rejet face à cette rupture totale avec les conventions de la représentation, alors que Fry ose rattacher Cézanne à Mantegna et à Piero della Francesca. L'exposition va remporter un succès phénoménal. Avec Roger Fry, de nouvelles conceptions sur l'art, audacieuses, étonnantes, libératrices, pénètrent dans la vie des deux sœurs et de leur cercle. La couleur apparaît soudain dans le monde de Bloomsbury qui se déclinait jusqu'alors en noir et blanc.

1910 va aussi marquer un tournant dans les relations entre Vanessa et Virginia. L'aînée, jeune mère depuis plusieurs mois, se montre très absorbée par son bébé, quand elle s'aperçoit que Clive s'est dangereusement rapproché de Virginia qui, autrefois, pourtant, ne le supportait guère et ne le trouvait pas digne de sa sœur. Tout cela ne serait pas si grave si cette dernière, flattée par l'intérêt que lui porte son beau-frère, ne répondait pas en flirtant assez ouvertement avec lui, sans mesurer la souffrance qu'elle provoque. D'autant plus que Clive devient son premier lecteur, qu'il l'admire éperdument et qu'elle a toute confiance en son jugement. Les choses n'iront pas très loin, même si Lytton les soupçonne, à tort, d'entretenir une liaison, mais la relation entre Vanessa et Virginia ne sera plus jamais la même.

Virginia Woolf par Vanessa Bell.

Virginia et Clive Bell à Studland, Dorset, 1911.

À l'été 1910, Virginia, sur la recommandation de son médecin de famille, le Dr Savage, séjourne à Burley, une clinique privée tenue par une femme, Jean Thomas, pour une cure de repos. On sait que l'été et ses chaleurs sont une période difficile pour elle, mais elle paye peut-être surtout les effets désastreux de cette relation triangulaire. Elle aurait pu y perdre sa sœur. Une idée qui a pu provoquer cette nouvelle crise. La séparation avec le couple Bell lui fait du bien puisqu'elle aboutit à sa première location à la campagne, à Firle, dans les collines des South Downs, à une centaine de kilomètres de Londres. Pour la première fois de sa vie, Virginia s'isole pour écrire.

On mesure le chemin parcouru depuis la mort de Thoby pour Vanessa comme pour Virginia, l'une et l'autre littéralement, résolument plongées dans le tourbillon de la vie avec une curiosité insatiable. Au point qu'au moment où on les croit « stabilisées », elles bougent et étonnent encore. Si Virginia n'hésite pas à mettre en danger sa relation avec sa sœur, et le mariage de cette dernière, par son flirt, Vanessa, quant à elle, n'hésitera pas non plus à vivre une nouvelle liaison amoureuse. Entre-temps, l'une et l'autre auront connu une période dépressive, comme si ces temps entre parenthèses leur permettaient de recharger leurs batteries alors qu'elles sont psychiquement et physiquement épuisées. Vanessa a dû subir le flirt de son mari avec sa sœur, les naissances rapprochées de ses garçons, l'inquiétude causée par la santé fragile du nourrisson, l'infidélité de Clive qui revoit son ancienne maîtresse, et une fausse couche comme elle effectue un voyage en Grèce et en Turquie, en avril 1911, avec Clive, Roger et le mathématicien Henry Norton, un autre Apôtre. C'est au cours de ce voyage qu'elle découvre un Roger Fry très attentionné qui ne quitte pas son chevet, apprécie ses œuvres, lui propose une nouvelle façon de considérer les relations entre l'art et le monde, l'incite à s'accomplir en tant que peintre. À leur retour, ils deviennent amants. D'une certaine façon, les deux sœurs auront appris à se servir des hommes.

Étrangement, ce voyage, comme l'écrit Virginia à Violet, en mai 1911, alors qu'elle est partie rejoindre sa sœur trop malade pour rentrer seule, semble aussi fermer une sorte de boucle. Sous le détachement apparent, on ne peut s'empêcher de penser qu'il faut du cran pour écrire ces mots : « As-tu entendu parler de nos aventures en Orient ? Nessa a réussi à faire une fausse couche à Brousse, à un jour de distance de Constantinople. Je suis partie la rejoindre et l'ai trouvée entourée de mâles, avec un pharmacien pour docteur. Nous avons dû la transporter en civière jusqu'à Constantinople, puis retour à la maison par l'Orient-Express. C'était la parodie la plus étrange de ce qui s'est passé il y a cinq ans. »

L'été 1911 s'ouvre donc avec cette impression que Bloomsbury ne tourne plus autour des mêmes planètes, qu'elles ont changé de galaxie. Mariages, maternités, fausses couches, liaisons, déménagements, voyages, dépressions. Tout va très vite. Peu à peu l'axe se dessine, c'est celui de la création. Vanessa a vécu mille vies en peu de temps ; Virginia, à sa façon, de sa position d'observatrice, en a vécu mille autres.

Lorsque Leonard fait son retour en juin 1911, c'est comme s'il était parti depuis une éternité et, en même temps, comme s'il avait toujours été là.

Leonard de retour à Londres.

4 • MARIAGE

Le mariage est un thème de plus en plus présent dans la correspondance de Virginia à partir de 1907. « L'air en est plein », écrit-elle, alors que, telle une Pénélope qui n'aurait pas encore rencontré son Ulysse, elle repousse prétendant sur prétendant : Hilton Young, Walter Lamb, Sydney Waterlow, Saxon. Soit parce qu'ils sont trop falots, pas assez virils, trop conventionnels, soit parce qu'elle sent bien qu'ils ne l'aiment pas comme elle rêve d'être aimée.

Mais c'est surtout du côté de Leonard, cet Ulysse qui se prépare à revenir de son odyssée, que les choses se précisent. Lytton tire les ficelles en tenant Leonard au courant de tout ce qui se passe à Londres. Il lui parle de ses amours à lui – sous son influence, la société des Apôtres serait devenue un grand bordel gay, se vante-t-il en plaisantant – mais surtout des sœurs Stephen : les « deux femmes les plus belles et spirituelles d'Angleterre », selon lui. Tout le mois de février 1909 est ainsi rempli d'échanges sur Virginia. En réponse à une lettre de Lytton, Leonard écrit :

> Je ne suis pas d'accord avec toi. Le plus merveilleux aurait été d'épouser Virginia. Elle est, j'imagine, suprême [...]. C'est certainement la seule voie vers le bonheur, vers quelque chose de stable contrairement à ces alternances épouvantables entre des plaisirs violents et les profondeurs de la dépression. J'en suis sûr en ce qui me concerne [...]. Tu crois que Virginia voudrait de moi ? Envoie-moi un câble si elle accepte. Je prendrai le prochain bateau.

Mais lorsque Lytton reçoit cette lettre, il a déjà fait sa demande : « Avant-hier, j'ai demandé Virginia en mariage. À l'instant où je le faisais, je me disais que ce serait ma fin si elle m'acceptait et j'ai réussi, bien sûr, à m'en extirper avant que la conversation se termine [...]. Il ne fait aucun doute que tu dois absolument l'épouser. Tu serais assez bien et tu aurais l'avantage du désir physique [...]. Si tu venais et faisais ta demande, elle accepterait. Vraiment. » Puis il ajoute le lendemain : « J'ai eu un éclaircissement avec Virginia. Elle m'a déclaré qu'elle n'était pas amoureuse de moi et j'ai finalement compris que je ne l'épouserais pas. Donc les choses se sont simplement inversées. Tu ferais peut-être mieux de ne pas mentionner ces affaires à Turner même s'il n'est certainement pas sur les rangs. J'ai dit à Vanessa de défendre ta proposition, donc tu l'es peut-être. »

Trois mois plus tard, toujours le même Lytton : « Si tu rentrais, tu pourrais épouser Virginia, ce qui effacerait à peu près toutes les difficultés de la meilleure façon possible. Essaye vraiment. Elle est une femme étonnante et je suis sans doute le seul homme au monde à l'avoir refusée. Et même moi, j'ai encore des doutes… »

Bella, la sœur de Leonard, s'y met à son tour. Elle lui écrit en juillet 1909 en dessinant la femme idéale pour lui et en y ajoutant une note féministe intéressante alors qu'elle s'inquiète de sa solitude : « Tu ferais mieux de te marier [...]. Mais je ne vois aucune fille à Ceylan qui pourrait te convenir. Il te faut quelqu'un de bien particulier. Si tu avais rencontré lady Strachey dans sa jeunesse, tu aurais dû l'épouser et si sa contrepartie en plus jeune se trouve sur cette terre, elle est pour toi : dotée d'un caractère fort, intelligente, ayant le sens de l'humour. Si tu épouses une femme au caractère faible, tu l'écraseras [...]. Tu dois épouser quelqu'un qui puisse te tenir tête tout en ayant bon caractère [...]. Les femmes ont tant à perdre par le mariage à notre époque, du moins celles qui ont un cerveau, qu'il leur en faut beaucoup pour qu'elles s'y risquent [...]. »

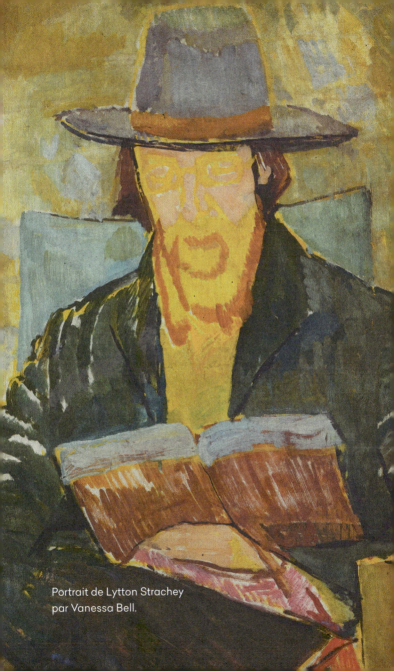
Portrait de Lytton Strachey par Vanessa Bell.

Lytton poursuit le 21 août 1909 : «Ton destin est clairement tracé mais lui permettras-tu de s'accomplir ? Tu dois épouser Virginia. Elle est là, à t'attendre, je ne vois pas ce qui te retient ! Elle est la seule femme au monde suffisamment intelligente. Sa seule existence est un miracle. Mais fais attention, tu pourrais rater le coche. À tout moment, elle peut partir avec Dieu sait qui. Duncan ? C'est tout à fait possible. Elle est jeune, sauvage, curieuse, insatisfaite et désireuse d'être amoureuse... Viens la voir avant la fin 1910.»

Ce à quoi Leonard répond en septembre :

> Bien sûr, je sais que le mieux à faire serait d'épouser Virginia. J'ai seulement peur de le faire à mon retour en décembre 1910. Car même si, une fois tout achevé et consommé, la vie serait probablement enfin suprême, l'horrible complication préliminaire, les atroces difficultés de la virginité et du mariage à la fois me terrifient. Vraiment s'il n'y avait pas ça et la question de l'argent, j'enverrais tout de suite un télégramme.

Tout est là. Leonard et Virginia l'expriment chacun à leur façon à partir d'expériences différentes, mais s'ils aiment tous les deux l'idée du mariage, sa réalité crue leur fait peur. Leonard l'a expliqué dans une lettre à Lytton. Au début de son séjour à Ceylan, à vingt-cinq ans, il a eu le béguin pour une jeune fille de dix-sept ans qui, elle, était amoureuse de lui, ce qui l'avait flatté. Elle avait beau être jolie, pourtant son esprit ne possédait aucun attrait à ses yeux. L'objet de sa convoitise rendait cet amour dégradant et avait fini par le réduire à un simple désir de copulation. Il aurait tout aussi bien pu tomber amoureux d'une prostituée, avait-il conclu. Cependant, là encore, rien de simple du côté des amours tarifées. La première fois qu'il était entré dans un bordel à Ceylan, il en était ressorti dégoûté, en payant sans avoir consommé.

Leonard revient finalement en Angleterre en juin 1911, après six années d'absence, à trente et un ans, pour jouer ce qu'il appelle la première scène du premier acte de sa toute nouvelle vie. Après être allé à Putney voir sa famille, il se rend à Cambridge où il retrouve les siens, les Apôtres, lesquels, il est heureux de le constater, n'ont guère changé. Puis, le 3 juillet, un lundi soir, il renoue cette fois avec la famille Stephen. Il dîne chez Vanessa et Clive, en compagnie de Duncan, de Walter Lamb, un des prétendants de Virginia et, bien entendu, de cette dernière. Il note un changement profond dans son cercle d'amis, une intimité nouvelle, une complicité affective et intellectuelle semblable à celle qu'il avait connue à Cambridge, sauf que, cette fois, les femmes n'en sont pas exclues, bien au contraire. Elles partagent la même liberté de ton, la même quête d'une parole vraie, la même volonté de rupture avec le passé. Leonard découvre un univers différent où hommes et femmes s'embrassent, s'appellent par leurs prénoms, parlent ouvertement de sexe, dans une atmosphère d'une complicité extraordinaire.

Cette révolution des mœurs s'accompagne d'une révolution artistique, celle du post-impressionnisme et des Ballets russes, compagnie créée par Diaghilev qui fait sensation par ses chorégraphies novatrices, ses

La Conversation, tableau de Vanessa Bell.

décors et ses costumes exotiques (l'économiste Maynard Keynes épousera une danseuse de ces ballets, Lydia Lopokova). Pour Leonard, c'est comme s'il passait d'un monde qu'il avait connu en noir et blanc à un monde en couleur, extravagant, sans tabous. Il ne peut qu'en constater l'effervescence : les uns peignent, font des

Plaque du 38, Brunswick Square.

enfants, voyagent, rencontrent des artistes, les autres écrivent – Virginia en est à la cinquième ou sixième version de son roman –, et tous discutent, échangent, partagent.

Sur le toit, de Duncan Grant, où sont représentés Virginia, Adrian Stephen et Leonard Woolf.

Leonard s'adapte si facilement, il est si vite conquis qu'à son retour de vacances en Suède, il décide de s'installer avec Virginia, Adrian, Maynard et Duncan au 38, Brunswick Square.

Leonard et Virginia vont donc désormais se voir tous les jours, apprendre à se connaître à travers cette expérience de colocation franchement inédite et parfaitement réglée par Virginia, avec des horaires et des menus très précis pour les repas, ainsi que des consignes de vie commune.

Pour Leonard, le phénomène de cristallisation, commencé à distance, sur son île lointaine, mais fondé sur le souvenir de la vision éblouissante de 1903, se poursuit et s'accélère. Avec une certaine urgence puisque son congé ne dure qu'un an.

À la fin de l'année 1911, il écrit dans ses mémoires :

> Je savais que j'étais amoureux de Virginia et que je devais rapidement prendre parti sur ce que je comptais faire à ce sujet. Devais-je lui demander de m'épouser ? Qu'allais-je décider pour Ceylan alors que dans quelques mois mon congé se terminait et qu'il me fallait retourner à Colombo ? Si elle m'épousait, je devais bien sûr démissionner, mais si elle me refusait, que devais-je faire ?

Tout le début de l'année 1912 est occupé par une vie sociale intense et par une cour assidue à Virginia, menée tambour battant, qui commence en janvier alors qu'il l'aide à acheter Asham House, la maison de campagne qu'elle partage avec les Bell.

Le 10 janvier, comme il se trouve chez un ami, dans le Somerset, il lui envoie un télégramme, il doit la voir de toute urgence. Et voici ce qu'il écrit le lendemain, après leur entrevue :

> Ma chère Virginia, il faut que je t'écrive avant d'aller me coucher pour réfléchir, je crois, plus calmement. Je n'ai pas un souvenir très clair de ce que je t'ai dit exactement cet après-midi, mais je suis sûr que tu connais la raison de ma visite – je ne parle pas seulement de mon amour mais j'étais dans un tel état d'incertitude en plus que je ne pouvais pas agir autrement. J'ai peut-être eu tort, car avant cette semaine, j'avais toujours eu l'intention de ne rien te dire, pas avant d'être certain que tu m'aimais et m'épouserais. Je pensais alors que tu m'appréciais, mais que c'était tout. Je n'avais jamais réalisé à quel point je t'aimais avant qu'on ne parle de mon départ pour Ceylan. Après, je n'ai pu penser qu'à une seule chose : toi. Je me suis retrouvé dans un état de désarroi désespérant, ne sachant pas si tu m'aimais, si tu pouvais m'aimer un jour ou, même, bien m'aimer. Dieu, j'espère ne jamais revivre une telle période ! Je sais que je t'avais écrit en te disant que je viendrais te parler le lundi suivant, mais j'ai senti que je deviendrais fou si je devais attendre jusque-là pour te voir. Alors, je t'ai envoyé le télégramme. Je savais

que tu me dirais sans détour ce que tu ressentais. Tu as réagi exactement comme je l'espérais et, si je n'avais pas été amoureux avant, je le serais maintenant. Crois-moi, ce n'est pas seulement parce que tu es si belle que je t'aime, même si c'est une raison importante et cela doit en être ainsi, c'est ton esprit, ton caractère ; je n'ai jamais rencontré quelqu'un comme toi. Là-dessus, tu me crois, n'est-ce pas ?
Maintenant, je ferai exactement ce que tu voudras. Je ne pense pas que tu veuilles me voir partir, mais si c'est le cas, je partirai sur-le-champ. Sinon, je ne vois pas pourquoi nous ne continuerions pas comme avant. Je pense en être capable et alors, si tu t'aperçois que tu pourrais m'aimer, tu me le diras.

Le 12, ce jeune homme très épris poursuit cette fois en évoquant l'idée de mariage avec une rhétorique un peu casuistique, soulignant ses défauts pour mieux les repousser :

Je m'aperçois que le courrier ne part pas avant ce soir alors je vais essayer d'écrire ce qu'en ta présence il m'a été si difficile d'exprimer avec calme, sans passion. Je ne pense pas être si égoïste pour ne pas être capable de considérer la situation de ton point de vue aussi. En ce qui me concerne, je suis sûr maintenant que, mis à part le fait d'être amoureux, j'aurais raison de dire – et je le ferais –

que si j'étais amoureux, cela vaudrait la peine de tout risquer pour t'épouser. C'est la question que tu n'as cessé de soulever hier, comme tu devais sans doute le faire. Étant en dehors du cercle de feu, tu devrais pouvoir mieux décider que moi qui suis à l'intérieur. Oh, je vois les risques d'un mariage, surtout avec un homme comme moi ! Je suis égoïste, jaloux, cruel, lascif, menteur et pire encore sans doute. Je me suis dit et répété que je n'épouserais jamais personne à cause de ces défauts, surtout parce que j'estimais que je ne pourrais jamais me contrôler avec une femme qui me serait inférieure et, peu à peu, m'enragerait par son infériorité et sa soumission. C'est parce que tu n'es rien de tout cela que le risque est infiniment moins grand. Tu es peut-être vaniteuse, égoïste, menteuse comme tu le dis, mais ce n'est rien comparé à toutes tes autres qualités : magnificence, intelligence, esprit, beauté, franchise. Après tout, nous nous aimons bien, nous apprécions les mêmes choses, les mêmes personnes, nous sommes tous les deux intelligents et, par-dessus tout, ce sont des réalités que nous comprenons et qui sont importantes pour nous. Tu voulais que je te donne les raisons de mon état d'esprit, les voici et elles sont diablement vraies ! J'ai l'impression que je plante les clous – après Walter et Sydney – de mon cercueil. J'irais même jusqu'à admettre – pour le bien de la vérité – qu'il est possible que mon désir m'aveugle au point d'oublier qu'aucune femme ne

devrait m'épouser – mais je ne le crois pas en ce qui te concerne, si jamais tu m'aimais.
Comme ce n'est pas le cas, tu devrais être capable de savoir exactement quel risque tu prendrais si tu m'épousais.

Virginia lui envoie une courte réponse lui disant simplement qu'elle veut continuer comme avant, qu'il doit la laisser libre et qu'elle se doit d'être honnête. Vanessa, mise au courant, écrit plus chaleureusement à Leonard : « Comme je serais heureuse si tu pouvais obtenir ce que tu veux. Tu es le seul parmi tous ceux que je connais que je peux imaginer comme son mari, ce qui peut te sembler une remarque inconsidérée si l'on juge le peu que je sais de toi. Cependant, j'ai confiance dans mon instinct, du moins en ce qui te concerne. De plus, même si ce n'est peut-être pas important, je serais si heureuse si tu ne repartais pas à Ceylan. Ce serait absurde que nous ne puissions profiter de ton existence. »

Virginia, comme souvent face à trop d'émotions, trop de pression, se « réfugie » dans la maladie et passe une semaine au lit, ce qui montre à quel point la situation est importante et donne la mesure de son trouble. Puis elle part à Asham avec Adrian et Leonard, en bons « amis ». Ce dernier accepte de satisfaire sa curiosité et lui montre toutes les lettres que Lytton lui a écrites à Ceylan. Mais les insomnies de Virginia sont telles que son médecin lui conseille de retourner se reposer à

Twickenham et d'y demeurer quelque temps. Pendant toutes ces semaines, les échanges entre eux sont plus complices, plus joueurs.

Leonard décide finalement de démissionner sans mettre en balance la réponse de Virginia à sa demande en mariage, sortant ainsi de ce qui pouvait ressembler à une forme de chantage. Le 29 avril, il écrit à Virginia, inquiet :

> Depuis hier je sens ton agacement à mon égard. C'est peut-être un effet de mon imagination ; si c'est le cas, pardonne-moi. Je ne crois pas que tu réalises ce que cela signifierait pour moi. Tu n'as pas idée du bonheur que j'ai d'être à tes côtés, d'échanger avec toi, comme je l'ai souvent senti, d'esprit à esprit, d'âme à âme. Je sais clairement ce que je ressens pour toi. Il ne s'agit pas seulement d'amour physique, même s'il est présent, bien sûr, mais pour une petite part. Ce n'est pas juste que je suis heureux avec toi, que je veux vivre avec toi ; mais je veux ton amour aussi. C'est vrai que je suis froid et réservé avec les autres ; je ne suis pas d'un naturel affectueux, pourtant, même sans parler d'amour, je t'apprécie comme je n'ai jamais apprécié rien ni personne au monde. Nous rions souvent de notre capacité à être aimé, mais tu ne sais pas à quel point tu es aimable. C'est ce qui m'empêche de dormir, bien plus que le désir. C'est ce qui m'inquiète, me déchire même, parce que, malgré tout mon amour, je ne voudrais pas que tu m'épouses si

je pensais que cela devait te rendre malheureuse. C'est la vérité, même si la simple réponse que tu as faite à Vanessa, lui disant que tu n'épouseras probablement personne, me blesse bien plus que la pire des douleurs physiques.
Il n'y a rien dans tes actions qui ne m'a paru absolument juste, et ne m'a fait t'aimer davantage. Je n'ai jamais pensé, pas un seul instant, que tu me maltraitais et je ne le penserai jamais, que tu m'épouses ou pas. Je t'aime encore plus de ne pas décider, j'en connais les raisons. Tu es bien plus raffinée, noble, meilleure que moi. Ce n'est pas difficile d'être amoureux de toi et quand on est amoureux de quelqu'un comme toi, ce doit être sans réserve, sans restrictions. Je sais que j'ai de nombreux et grossiers défauts ; je te les ai souvent volontairement montrés parce que je t'apprécie trop pour te laisser ignorer leur existence. Savoir qu'ils existent et être amoureux d'une femme telle que toi, c'est ça le plus douloureux.
Je ne veux pas que tu te décides avant d'avoir fini ton roman. Je pense que tu as raison de ne pas le faire. Je suis prêt à continuer comme par le présent pendant six mois même, si tu le souhaites ou, si tu estimes que ce serait plus facile, partir une semaine, un mois, voire plus. Même si l'idée de ne pas te voir un seul jour me rend malheureux à présent. Je crois savoir ce que tu ressens maintenant et l'on doit exprimer ce que l'on pense. J'aimerais te le dire de vive voix, cependant quand je suis auprès de

toi, toutes sortes de sentiments m'empêchent de formuler exactement ce que je veux, il vaut donc peut-être mieux que je t'écrive. Je crois que tu pourrais très aisément être amoureuse aujourd'hui et tout aussi facilement ne pas l'être, de moi du moins. Je ne pense pas grand-chose de la partie physique, même s'il faut la prendre en compte, mais elle est si insaisissable. Quand on est né comme moi, c'est presque à coup sûr très important, pourtant, même ainsi, elle se mêle à tant d'autres sentiments. C'était à l'arrière-plan quand je suis tombé amoureux de toi et je te l'ai dit la première fois. C'est devenu plus fort, alors que mes autres sentiments pour toi devenaient plus puissants.
Je pense que nous sommes arrivés au point où tout pèsera sur la balance. Parfois, je suppose que tu ne sais pas exactement ce que tu ressens et que des choses insignifiantes prennent une place trop grande. J'ai des défauts, des vices, de la bestialité, pourtant, malgré cela, je pense vraiment que tu dois m'épouser et être amoureuse. Et pas seulement parce que, si souvent, je me dis que si tu ne l'es pas, la seule chose qui compte dans la vie disparaîtra. Je ne serai jamais comme toi, jamais rien d'approchant, mais j'ai l'impression que tu purges mes défauts. J'ai le feu en moi, en tout cas, et la connaissance. Je veux vivre et posséder le meilleur de la vie, et toi aussi. Tu es ce qui m'est arrivé de mieux, vivre avec toi rendrait mon existence dix mille fois plus belle. Je

ne pourrai plus jamais me satisfaire d'un pis-aller. J'en suis certain, et tu le sais, toi aussi, si cela peut être vécu ainsi par deux personnes qui savent vivre, Dieu, cette chance vaut presque la peine de courir tous les risques!
Virginia, je ne sais pas jusqu'où je me suis laissé entraîner. J'écris simplement au fil de ma pensée. Il est presque trois heures du matin. Je vais sortir marcher, poster cette lettre et me recoucher. J'espère que rien dans ces lignes ne t'inquiétera. En tout cas, sache que je t'aime autant qu'il est possible à un être humain d'en aimer un autre. Je ferais n'importe quoi plutôt que de te blesser de la moindre des façons. Tu ne dois pas t'inquiéter ou te presser, c'est inutile. Tu dois finir ton roman d'abord, sans chercher à te décider. Si tu n'essayes pas de prendre une décision et que nous continuons comme avant, je serai très heureux pendant les deux prochains mois. Après tout, j'ai eu bien plus de bonheur dans ces deux derniers mois que dans toute ma vie mise bout à bout.
Tu vois, quand je t'écris ainsi, quand je te parle, la dépression disparaît. Je vais me coucher heureux et dormirai paisiblement. J'espère que tu l'es aussi.

Virginia lui répond par une longue lettre à son tour et tente de s'expliquer avec autant de sincérité qu'il l'a fait. Elle admet que malgré ses hésitations sur le sujet du mariage, elle éprouve pour Leonard un sentiment, elle ne le nomme pas, qui grandit : «Tu veux savoir, bien sûr, s'il me conduira à t'épouser. Comment puis-je le dire ? Je pense que oui, parce qu'il n'y a aucune raison qu'il ne le fasse pas, mais je ne sais pas ce que l'avenir nous réservera. J'ai à moitié peur de moi-même. J'ai l'impression parfois que personne n'a ou ne peut rien partager. C'est pour cela que tu me compares à un pic ou à un roc. Encore une fois, je veux tout, l'amour, les enfants, l'aventure, l'intimité, le travail (tu comprends quelque chose à ce radotage ? J'écris les choses comme elles me viennent). Donc, je passe d'un état où je suis à moitié amoureuse de toi, te voulant toujours à mes côtés et que tu saches tout de moi, à l'autre extrême, un état de sauvagerie et de distance. Je pense parfois que si je t'épousais, je pourrais tout avoir et puis... Est-ce l'aspect sexuel qui s'interpose ? Comme je te l'ai dit brutalement l'autre jour, je n'éprouve aucune attraction physique envers toi. Il y a des moments – quand tu m'as embrassée l'autre jour, par exemple – où je me sens de marbre. Pourtant, que tu m'aimes comme tu le fais me submerge presque. C'est si réel et si étrange. Pourquoi devrais-tu m'aimer ? Que suis-je vraiment, excepté une créature agréable et séduisante ? Mais c'est précisément parce que tu m'aimes tant qu'avant de t'épouser je dois sentir que j'aime et suis prête à tout te donner. Si je n'y arrive pas, et bien le mariage ne serait qu'un choix de second ordre pour toi comme pour moi. Si tu le peux, ce que j'aimerais, c'est continuer comme avant et que tu me laisses trouver mon propre chemin. Pourtant nous devons tous les deux prendre des risques. Et tu m'as rendue très heureuse aussi. Nous voulons tous les deux un mariage qui soit terriblement vivant, toujours actif, toujours ardent, pas éteint et banal en partie, comme le sont souvent les mariages. Nous demandons beaucoup à la vie, non ? Peut-être l'obtiendrons-nous. Ce serait splendide. »

Ce sont leurs premières lettres d'amour à l'un comme à l'autre, pourtant, ils ont passé l'âge, en théorie, des correspondances enamourées. Elles en sont d'autant plus émouvantes. Même dans leur manière d'écrire, ils se ressemblent. Ils tournent tous les deux autour de l'épineuse question du désir physique (on sait que Virginia a été confrontée très jeune à la sexualité de ses demi-frères, qu'il en est resté une blessure intime profonde ; on devine aussi dans les écrits de Leonard une sorte de fascination/répulsion pour le sexe) sans l'aborder vraiment mais avec une honnêteté troublante, une sincérité et une lucidité impitoyables. Ils sont idéalistes, on sent bien qu'il est amoureux fou et qu'elle attend tellement du mariage, tout en refusant de s'engager les yeux fermés dans cette aventure qu'ils pèsent, soupèsent. Pourtant, malgré leurs tergiversations et hésitations, il se dessine dans ces mots ce qui fera la force de leur union : ils désirent la même chose de la vie.

Entre mai et juin, on note peu d'échanges épistolaires. Cependant, ils sont colocataires, ils partagent des espaces et des amis communs, ils ne cessent donc de se voir, de se croiser, de se parler. Cette façon de vivre, cette expérience de vie commune leur est propre, elle a quelque chose d'unique qui leur permet de continuer à tester leur compatibilité.

Le 2 mai, Leonard donne sa démission au Service colonial. Le 24 mai, Virginia a dû accepter sa demande puisqu'il lui envoie une lettre où il l'appelle sa bien-aimée et qu'il utilise le surnom qu'il lui a donné, «Mandril», alors qu'elle le surnommera «Mongoose». Le babouin pour elle, la mangouste pour lui. Un usage étonnant des sobriquets, le babouin avec son visage sérieux évoque plutôt Leonard physiquement, la finesse de la mangouste correspond davantage à Virginia. Mais ils ont inversé les apparences, comme s'ils s'amusaient avec leurs parts masculine et féminine, et revendiquaient et acceptaient de les échanger.

Le 2 juin, Leonard annonce à Lytton que Virginia va l'épouser et qu'il est plus heureux qu'il ne l'a jamais été. Le 6, voici l'annonce comique faite au même Lytton par les deux «fiancés» :

```
                    38,
              Brunswick Square,
                   W.C.
```
TELEPHONE,
7287 CITY.

Ha! Ha!

Virginia Stephen
Leonard Wolf

6th June 1912

Lettre à Lytton Strachey annonçant leurs fiançailles.

Virginia apprend ainsi son futur mariage le 4 juin à sa chère Violet, faisant un lapsus sur le nom de Leonard qui souligne une sorte de crainte mêlée d'attirance pour cet homme-loup si étranger : « Ma Violet, j'ai un aveu à te faire. Je vais épouser Leonard Wolf [*sic*], un Juif sans le sou. Je suis plus heureuse qu'on ne m'avait jamais dit que ce serait possible, mais j'insiste pour que tu l'apprécies, toi aussi. Pouvons-nous venir tous les deux mardi ? Préférerais-tu que je vienne seule ? Leonard était un grand ami de Thoby, il est parti en Inde, est rentré l'été dernier [...] et il vit ici depuis l'hiver [...] L. pense que mon écriture est la meilleure partie de moi. Nous allons travailler très dur. »

Même ordre d'annonce à ses autres amies, même lapsus, même insistance sur sa judéité – alors que Leonard n'invite aucun membre de sa famille à son mariage – et sur son amitié avec Thoby, comme si l'une équilibrait l'autre. Leonard l'a écrit dans son autobiographie : Virginia est snob. On peut penser que sa façon de regarder de haut les Juifs relève d'une sorte d'antisémitisme de classe. Elle a les mêmes préjugés à cet égard que d'autres membres de Bloomsbury : « Je n'aime pas la voix juive », écrit Virginia dans son journal, « je n'aime pas le rire juif ». Lytton rappelle dans une lettre à Leonard lui-même « la vulgarité placide, décontractée de ta race », et Maynard Keynes n'est pas en reste qui, en parlant d'Einstein, le décrit comme « un méchant petit garçon juif couvert d'encre, ce genre de Juif[1] ».

---

1. Le même Maynard qui, dans son essai sur cette période, *Le Docteur Melchior, un ennemi vaincu* (paru aux Éditions Climats en 1998), raillera pourtant l'attitude douteuse du Premier ministre Lloyd George au

La répugnance physique qu'éprouve Virginia envers Leonard paraît indissociable de ces préjugés, c'est même extraordinaire qu'il ait réussi à la convaincre. Mais que lui trouve-t-elle ? La force de son amour la bouleverse et la rassure. Il a voyagé, il a géré seul une province à Ceylan, il est fiable, organisé, doté d'un solide sens pratique, d'une intelligence évidente. Il l'admire follement. Sa virilité lui fait certainement peur, mais elle y est sensible. Il n'est pas conventionnel, il a en lui quelque chose de sauvage.

Ce qui les lie, surtout, c'est une sorte de conversation continue. Ils parlent de tout, comblent les années qu'ils n'ont pas passées ensemble, se découvrent et échangent peut-être plus librement qu'avec nul autre. Leonard, qui aime la compagnie des femmes, trouve avec Virginia une camaraderie d'esprit qu'il n'avait partagée jusqu'à ce jour qu'avec des hommes. Elle lui ouvre son monde. À ses yeux, elle représente l'accession à une sorte de rêve, la transfiguration de sa vie, elle est la femme idéale qui va illuminer son existence. Elle comble un manque qui le poursuit depuis des années. Quant à elle, si l'on sent moins de transport amoureux, il est l'inconnu, le dissemblable, si séduisant pour ces raisons. Elle voit en lui un homme capable de la chérir, de la choyer, de s'occuper d'elle autant qu'elle le souhaite, comme Violet pendant un temps, comme Vanessa le faisait avant de se consacrer à sa propre vie. Leonard l'aime plus que tout. Et il fallait sans doute au moins ça pour la conquérir. Un

....

congrès de Versailles en 1919 vis-à-vis du ministre des Finances français Lucien Klotz d'origine juive.

sentiment que confirme cette lettre écrite par Virginia à une amie en mars 1912 : « Ne crois pas que je sois contre le mariage. Ce n'est pas le cas, bien sûr, même si l'extrême sécurité et sobriété des jeunes couples m'horrifient, mais la mélancolie hasardeuse des vieilles filles aussi [...]. Je demande seulement quelqu'un qui me rende fougueuse et alors je l'épouserai. Le défaut de notre société m'a toujours paru être la timidité et le manque d'assurance. Et je me sens étrangement fougueuse, très exigeante, si difficile à vivre, si excessive et changeante, pensant une chose puis une autre. Cependant, dans mon cœur, j'espère toujours être soulevée, flotter au-dessus de toutes les crises, puis le moment venu être déposée Dieu seul sait où [...]. Non, je ne flotterai pas dans une alliance exsangue avec Lytton même s'il est parfait comme ami, mais c'est un ami féminin. »

Non seulement Leonard et Virginia s'écrivent pendant toute cette période, mais ils publieront l'un et l'autre, après leur mariage, un roman qui prend ce thème pour sujet central. Comme s'il fallait le raconter tout de suite, lui donner immédiatement une forme tant l'expérience est intense, bouleversante. Pour Leonard, ce sera *The Wise Virgins* (inversion des initiales de Virginia Woolf...), « Les Vierges sages », en 1914 ; pour Virginia, *La Traversée des apparences,* commencé avant sa rencontre avec Leonard, et objet de nombreux remaniements, publié en 1915.

Les deux romans mettent en scène des jeunes filles à marier et des jeunes hommes hésitants qui leur font une cour timide. Ce ne sont pas exactement des romans à clés, mais on note des chassés-croisés entre les deux œuvres : le roman de Virginia commence par un baiser volé, celui de Leonard se termine par un baiser volé. Dans *La Traversée des apparences*, l'héroïne porte le même prénom que la jeune fille de Kandy dont Leonard s'est cru, un temps, amoureux : Rachel. Dans les deux récits, le mariage entre les héros ne se fera pas : Rachel meurt au terme d'une maladie qui se déclare brutalement et qui rappelle par sa description (fièvres, hallucinations, sentiment de persécution) les crises traversées par Virginia ; quant au héros de Leonard, Harry, il épouse sans amour sa jeune voisine qu'il a mise dans son lit, renonçant à cette Camilla qui ressemble tant à Virginia avec son regard triste et lumineux, ses lèvres sensuelles, sa pureté, sa froideur qui menace d'exploser à tout instant. Comment ne pas la reconnaître dans cette description qu'en fait le héros ? Elle « possède un esprit, une imagination qui m'enivrent. Mais ce n'est pas tout. Elle est l'une des rares femmes à voir clair. Elle veut être désirée comme toutes les autres, plus que la plupart ; mais elle voit que ce n'est pas assez. Elle veut tellement de choses. Ce qu'elle veut vraiment, mais elle ne le sait pas, c'est être un homme. Et bon sang, bon sang, bon sang, elle ne le sera jamais ». Et encore : « Elle était trop belle pour avoir manqué de l'admiration ou de l'amour des hommes, trop vivante pour ne pas avoir aimé et en avoir été émoustillée. Sa connaissance, son expérience, et donc ses désirs se bornaient à ça. Chez l'homme, comme chez l'animal, c'est le jeune mâle qui est féroce et dangereux, rugit et mugit et se manifeste bruyamment.»

Et que dire de ce lien entre ses personnages évoqué par Leonard dans son roman : « Il est certain que Harry sentait que la présence de Camilla à ses côtés, seule avec lui, était, d'une curieuse façon, une preuve de sa valeur dans le monde, qu'elle lui montrait comment devenir un homme meilleur, plus homme que les autres Tom ou Dick… »

À cette analyse de Leonard, Virginia semble répondre par l'entremise de son personnage, Rachel : « Bien qu'elle allât l'épouser et vivre avec lui pendant trente, quarante ou cinquante ans, se disputer et être si proche de lui, elle était indépendante de lui. Elle était indépendante de tout. Cependant, c'était l'amour qui lui avait fait comprendre cela, car elle n'avait jamais senti cette indépendance, ce calme et cette certitude jusqu'à ce qu'elle tombe amoureuse de lui, et peut-être était-ce cela aussi l'amour. Elle ne voulait rien d'autre. »

Le mariage de Virginia et Leonard a lieu le 10 août 1912, à 12 h 15, au Saint Pancras Town Hall (où se marieront Keynes et, bien plus tard, Mick Jagger ainsi que Catherine Deneuve), une date précipitée par le départ en voyage de Clive et Vanessa qui tiennent à assister à la cérémonie. Elle se déroule en présence de quelques amis, ainsi que de Gerald et George Duckworth, dans une atmosphère peu solennelle, au milieu des roulements de tonnerre, devant un officier de l'état civil à moitié aveugle s'obstinant à confondre les prénoms de Vanessa et de

Virginia, quand il n'est pas interrompu par Vanessa lui demandant si elle peut encore faire changer le prénom de son cadet...

Certificat de mariage du couple Woolf.

Première photographie du couple Woolf.

Si le thème du mariage occupe toute la place dans leurs premiers romans, il n'en va pas de même dans leur quotidien. C'est un peu comme s'ils étaient mariés depuis toujours. Leur vie ne change pas radicalement. Ils n'ont pas encore déménagé et surtout, ils continuent à faire partie du même groupe et se retrouvent pris dans ses activités. La raison en est simple, Leonard l'explique très bien, ce qui lie les membres de ce groupe les dépasse. C'est un état d'esprit. Et il a quelque chose d'irrésistible.

> Desmond, Lytton, Saxon, Morgan, Maynard et moi avons été inoculés pour toujours par Moore et le moorisme. Et même Roger [Fry] qui avait sept ans de plus que Moore et se montrait très critique vis-à-vis de sa philosophie, prouva continuellement par sa critique du moorisme, qu'il était «sous la surface» un mooriste. À travers nous, à travers *Principia Ethica*, les quatre autres, Vanessa et Virginia, Clive et Duncan furent profondément affectés par l'influence astringente de Moore et cette question divinement cathartique et purificatrice qui résonna dans le Cambridge de ma jeunesse, comme elle le fit 2 300 ans plus tôt dans les rues de l'Athènes socratique : «Que veux-tu dire par là ?» D'un point de vue artistique, on retrouve, je crois, cet épurement dans la clarté, la lumière, l'absence d'afféterie du style littéraire de Virginia et peut-être dans la peinture de Vanessa [...]. Il y a eu beaucoup de groupes d'écrivains et d'artistes qui n'étaient pas seulement des amis, mais qu'unissaient consciemment une doctrine et un objectif communs, ou

un but artistique ou social. Les utilitariens, les poètes lakistes, les impressionnistes français, les préraphaélites anglais... Notre groupe était tout à fait différent. Sa base était l'amitié ; dans certains cas, elle se transforma en amour et en mariage. La couleur de nos esprits et de nos pensées nous avait été donnée par le climat de Cambridge et la philosophie de Moore, de la même façon que le climat anglais donne un certain teint aux Anglais, tandis que le climat indien en donne un autre aux Tamouls. Mais nous n'avions pas de théorie commune, de système, de principes auxquels nous voulions convertir le monde. Nous n'étions pas des prosélytes, des missionnaires, des croisés, ni même des propagandistes.

Preuve de cette amitié et de ce mélange des genres, Leonard se retrouve secrétaire de la seconde exposition post-impressionniste organisée par Roger Fry en décembre 1912. Le public peut y découvrir des Cézanne, des Matisse, des Picasso, un Bonnard, mais aussi des tableaux cubistes ainsi que des œuvres de jeunes peintres anglais comme Vanessa Bell et Duncan Grant. Rires, cris de rage, réactions épidermiques scandalisées accompagnent l'exposition dont *La Danse* de Matisse est la pièce maîtresse.

Ce fut une expérience étrange et, pour moi, inédite. La première salle était remplie d'aquarelles de Cézanne. Les pièces majeures de la seconde étaient deux énormes tableaux de nus plus grands que nature par Matisse et trois ou quatre Picasso. Il y avait aussi un Bonnard et un bon tableau de Marchand. Le public se présenta nombreux et, sur dix visiteurs, neuf rugissaient de rire devant les tableaux ou vitupéraient, fous de rage. La classe moyenne anglaise et, dans une certaine mesure, l'aristocratie et la classe ouvrière, sont d'un philistinisme incorrigible et font preuve d'un impeccable mauvais goût. Tout ce qui est nouveau dans les arts, surtout si c'est réussi, les rend furieux et ils le condamnent comme immoral ou ridicule ou les deux à la fois. En tant que secrétaire, j'étais assis à ma table dans la seconde grande salle des Galeries, prêt à répondre à toutes les questions des éventuels acheteurs et à les renseigner sur les tableaux. Je fus très occupé tout le temps. Cette affaire me donna une vision en cours de la nature humaine, de sa stupidité criante et de son manque de charité. Je songeais, alors que j'étais assis là, que les villageois tamouls ou cinghalais qui se pressaient sur la véranda de mon bungalow dans mon kachcheri, district, de Ceylan, étaient autrement plus gentils que ces riches londoniens blasés, bien habillés et très mal élevés.

PHOTO PAGES 136-137
Tableau de la salle Matisse, de Roger Fry.

L'expérience sera de courte durée, Leonard a d'autres ambitions. Il rêve encore d'être écrivain alors que son premier roman, inspiré par son séjour à Ceylan, *Le Village dans la jungle*, est accepté et va être publié avec succès. Ses années coloniales ont fait de lui, dit-il, un animal politique. Il décide donc de s'intéresser de plus près à la société de son pays et de l'observer, comme il a pu le faire à l'étranger. Il participe d'abord, par l'entremise d'une cousine de Virginia, à une œuvre charitable paternaliste d'aide aux pauvres de l'East End dont il mesure rapidement l'inefficacité, mais qui fait de lui un socialiste. Il s'intéresse ensuite à la «Women's Cooperative Guild». Une femme se trouve à sa tête, Margaret Llewelyn Davies, une amie de Virginia.

La guilde est une coopérative ouvrière créée en 1844, organisée en branches, dotée de magasins et d'ateliers dont les membres travaillaient ensemble dans un système de production, distribution, vente et achat de biens. Elle compte plus de trente mille adhérents en 1912, assure un salaire minimum, des congés maternité. Son objectif est «d'éduquer ses membres, de faire avancer les principes coopératifs et d'obtenir pour les intérêts des femmes la reconnaissance qui leur est due».

Comme toujours totalement impliqué dans ce qu'il entreprend, Leonard voyage à travers l'Angleterre, découvre le Nord industriel, loge chez des familles ouvrières, donne des conférences et tire de cette expérience une meilleure connaissance des structures de classe dans la société industrielle. Cet apprentissage lui servira de tremplin pour devenir journaliste au *New Statesman*, un magazine de gauche créé en 1913 par Sydney et Beatrice Webb, tous deux socialistes (elle est économiste), qui contribueront à la fondation de la « London School of Economics ».

Virginia le suit parfois dans ses voyages et si, dans sa correspondance, elle ne manque pas de prendre les choses à la légère – « Nous n'arrêtons pas de visiter des usines […]. Que les pauvres ne s'emparent pas de couteaux pour nous chasser de leurs maisons, cela dépasse mon entendement… » –, elle a elle-même donné des cours au Morley College pour un public ouvrier entre 1905 et 1907, même si c'était dans un esprit plus philanthropique que politique.

Au même moment, Roger Fry lance avec l'énergie et la conviction qui sont les siennes, appuyé par Duncan Grant et Vanessa Bell, les ateliers Omega, qui regroupent artistes et artisans. Le but est de créer des objets du quotidien beaux et agréables, et de transformer le design domestique contemporain. La règle de l'anonymat prévaut, chaque objet étant simplement marqué du signe Omega. Ces ateliers, gérés comme une coopérative, sont installés au 33, Fitzroy Square, au cœur de Bloomsbury. Vaisselle, robes, fresques, mobilier, tissus, la production est vaste, multiple, protéiforme, d'une ambition démesurée. Les commandes affluent. On est dans une ruche. Ici, on crée un paravent peint par Vanessa ; là, une commode décorée par Duncan. Murs, portes, plafonds, mobilier, rideaux, rien n'échappe à la palette post-impressionniste. Les intérieurs prennent vie. Il suffit d'aller visiter Charleston, la maison

Armoire avec un décor peint par Roger Fry.

de Vanessa, pour avoir une idée de ce qui est mis en œuvre dans ce mouvement de production incessant.

Ces créations s'appuient sur une théorie que reprend Clive Bell en 1913 dans son livre *Art* et qui introduit, à la suite de Roger Fry, la notion de « forme signifiante ». Elle permet de proclamer la primauté de l'aspect formel sur le contenu narratif, et d'insister sur le fait que la qualité commune à toutes les œuvres d'art consiste dans « les relations et combinaisons entre les lignes et les couleurs ». Fry et Bell rejoignent en cela Apollinaire, critique d'art, sur le sujet de l'émotion esthétique : « Les peintres nouveaux, écrit-il, procurent déjà à leurs admirateurs des sensations artistiques uniquement dues à l'harmonie des lumières et des ombres, indépendamment du sujet dépeint dans le tableau. » Il s'agit là d'un enjeu artistique aussi important que les théories de Moore. Virginia le reprendra, à sa manière, dans l'écriture de son roman alors que Leonard se montre, lui, plus critique, soulignant, à ses yeux, l'importance de la représentation. Cette divergence d'avis conduira à un léger froid entre les artistes et lui au sein de Bloomsbury.

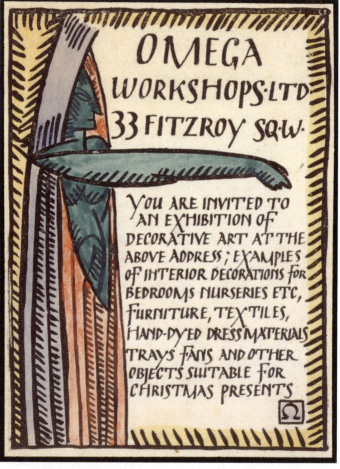

Invitation pour l'exposition.

5 • MATERNITÉ ET FOLIE

> « *Il y a toujours quelque chose d'absent qui me tourmente.* »
> **Lettre de Camille Claudel à Rodin.**

En marge de cette frénésie créatrice à laquelle Leonard et Virginia assistent surtout en spectateurs – ils sont occupés par leurs livres et par le sens qu'ils veulent donner à leur vie – apparaît dans la correspondance de Virginia la question de la maternité, dont on sent bien qu'elle faisait partie du contrat initial tacite. La jeune femme a accepté le mariage aussi parce que cela signifiait avoir des enfants. Rien de plus naturel à première vue.

Le 9 octobre 1912, elle écrit à sa chère Violet pour la remercier de deux cadeaux surprises : « Hier, alors que je passais par hasard dans le salon d'un des célibataires, j'ai découvert un berceau digne de l'enfant illégitime d'une impératrice. Cependant, quand j'avançai ma théorie, ils m'attribuèrent le berceau. Je rougis, déclinai toute intention et ainsi de suite. En rougissant, je posai mon coude sur une table. "Quelle table magnifique !" m'exclamai-je pour détourner l'attention de ma virginité perdue et de ses fruits probables. Mais la table me fut attribuée, elle aussi. Petit à petit, je pus reconstituer l'histoire. Une caisse énorme était arrivée, miss Dickinson avait, etc., etc. Personne d'autre que miss Dickinson n'oserait affronter les faits de la vie aussi hardiment. Mon bébé dormira dans le berceau ; je vais dîner sur cette table ce soir même. » Plus tard, alors que le couple quitte Brunswick Square où ils résidaient depuis novembre 1911, avec Adrian et Duncan, et déménage, seuls cette fois, au 13, Clifford's Inn, elle évoque « un petit bout de jardin pour que mes galopins y jouent ». Mais en avril 1913, le son de cloche est un peu différent : « Nous n'allons pas avoir un bébé, mais nous en voulons un ; cependant il me faut d'abord passer six mois environ à la campagne. » En mai pourtant, la question paraît l'obséder. On lit d'abord cette étrange comparaison : « Janet Case, qui est ici, m'a prêté son stylo plume et il bave comme un bébé d'une semaine. » Puis cet autre épisode : « La nuit dernière, la fille de notre femme de ménage, dix-huit ans, a eu inopinément un enfant illégitime. » Un incident qu'elle raconte avec sa légèreté habituelle à son amie Molly MacCarthy ; la fille était enceinte sans que personne ne le sache, apparemment en déni de grossesse. Mais cet épisode résonne autrement quand on sait que la question d'une éventuelle maternité de Virginia est discutée au même moment par bon nombre de personnes. Ces quelques indices sont importants parce que nulle part ailleurs le sujet n'est évoqué. D'ailleurs aucune trace n'apparaît dans ses écrits de cette époque. On ne saura rien de sa propre bouche. On entendra la voix des autres, de Leonard surtout, ce qui lui vaudra la mauvaise presse qu'il a longtemps eue auprès des féministes. Entre 1912 et 1913, l'état de Virginia commence en effet à inquiéter Leonard. Se pose d'abord la question d'une mésentente physique. Ils ne s'accordent pas sexuellement. Est-ce dû aux abus dont Virginia a été victime de la part de Gerard et George Duckworth, le premier « s'amusant » à découvrir son anatomie, le second se montrant d'une affection plus que débordante ? Ou à un simple manque d'attirance de sa part ? Leur compatibilité extrême semble s'arrêter au corps.

Lorsqu'à l'automne 1912, le couple revient de sa lune de miel en Espagne et en Italie et déménage, s'éloignant de Bloomsbury (cela a-t-il compté pour elle, cette séparation ?). La question de l'enfant apparaît alors. Ce qui signifie qu'ils en parlent. Que Virginia a dû partager avec Leonard ses craintes vis-à-vis de sa propre instabilité, de la grossesse elle-même (Stella est morte enceinte), du fait d'avoir peur de ne plus avoir le temps d'écrire – elle a observé Vanessa, sa fausse couche, l'énergie que réclament les enfants. Tout en manifestant cependant un désir réel d'enfant, qui se précise, incisif, puisqu'elle est mariée, que c'est la prochaine étape naturelle, et qu'elle a fini son roman.

En janvier 1913, Leonard consulte plusieurs médecins. Certains sont favorables à ce qu'elle ait des enfants, d'autres le déconseillent. Vanessa écrit à Leonard : « Je suis assez surprise de ton rapport sur l'opinion de Jean [Jean Thomas], car elle m'a certainement dit le contraire. Pourquoi a-t-elle changé ? J'espère que tu auras un avis définitif de la part de Savage. Après tout, il connaît bien Virginia et doit vraiment être le meilleur juge. » Qu'a pu dire Jean Thomas ? Que l'équilibre mental de Virginia était si fragile qu'elle ne pourrait s'occuper d'un enfant ? Que la grossesse pourrait déclencher une crise ? Toujours est-il qu'en février, Vanessa demande à Virginia si elle a pris une décision, après avoir entendu toutes ces opinions contraires, ou si elle hésite encore. On n'aura jamais sa réponse. Mi-avril, on l'a vu, Virginia évoque encore dans une lettre adressée à Violet la possibilité d'avoir un enfant, mais parle cette fois d'attendre six mois à la campagne. Sans doute Leonard a-t-il déjà pris sa décision à ce moment-là. Voici ce qu'il écrit à propos des médecins consultés : « Ils confirmèrent mes peurs et se montrèrent fermement opposés à ce qu'elle ait des enfants. Nous suivîmes leur avis. » Une phrase trop expéditive, un « nous » trop laconique pour ne pas être suspects. On devine et on comprend, dans une certaine mesure, les hésitations de Leonard. Il sait Virginia vulnérable même s'il ne l'a encore jamais vue réellement aux prises avec la maladie. Il s'est renseigné, on a dû lui décrire ses « descentes aux enfers », elle-même lui en a sans doute parlé. On a néanmoins l'impression que Virginia a dû insister, et qu'elle n'a pas réussi à le convaincre.

Fin mai 1913, son manuscrit remis à Gerald, qui possède une maison d'édition, est enfin accepté. Elle en corrige bientôt les épreuves. Mais, loin de se sentir soulagée, elle traverse une nouvelle crise : elle souffre d'insomnies, de maux de tête, refuse de se nourrir. Entre fin juin et fin juillet, elle est sans doute interdite de tout écrit, aucune lettre ne figure dans sa correspondance publiée. N'existent que celles de Leonard qui décrivent l'évolution de son état. Il lui demande de ne s'inquiéter de rien, de se reposer. Il évoque une faute morale qu'elle pense avoir commise, et la peur qu'on se moque d'elle à la publication de son livre. Puis il insiste, il ne croit pas un mot des « horribles choses » qu'elle lui a dites, il est sûr qu'elle l'aime, être séparé d'elle lui serait absolument insupportable, il sait que, depuis un an, elle a appris à l'apprécier davantage. Il lui écrit le 1er août : « Quand je suis loin de toi, tu es toujours devant mes yeux et tu danses, danses dans mes pensées. Tu ne peux pas imaginer à quel point tu m'obsèdes et comme j'ai hâte de te voir. »

Du 25 juillet au 11 août, Virginia résidera à Twickenham chez Jean Thomas. Leonard vient l'y voir tous les jours. Puis, après un été très difficile à la campagne, minutieusement chroniqué par Leonard, pendant lequel Virginia, gavée de nourriture, ne cesse de grossir – alors qu'on a toujours prétendu que sa maigreur était liée au déclenchement des crises –, le 9 septembre, de retour à Londres, le couple consulte deux nouveaux spécialistes, deux neurologues renommés. Ils confirment à Virginia qu'elle est très malade, ce qu'elle contestait, et qu'elle doit repartir en maison de repos, ce qu'elle refusait. Pendant que Leonard s'absente pour prévenir, par courtoisie, le docteur Savage de cet entretien dont il n'avait pas été informé – alors que Savage est le seul à recommander la maternité –, Virginia, pourtant laissée sous la surveillance de leur amie Katherine Cox, avale 100 « grains » de véronal (la dose normale se situe entre 5 et 21 « grains »). Leonard écrit le 9 septembre 1913 dans son journal crypté :

> Vu Wright avec V. [Virginia] 11.30. Dit à V. elle est malade. Puis Head ditto. Retourné Br. Squ. [Brunswick Square] Arrivée Van. [Vanessa] Parle avec V. qui se montre plus gaie et calme. Je fais l'aller-retour Clifford's Inn. Vu V. au thé puis part avec Van. pour arranger consultation entre Head et Savage. Vois Savage. M'assois avec Van. Regent's Park. Retourne voir Savage 6.30. Ka [Katherine Cox] téléphone. V. a sombré dans le sommeil. Retour immédiat par taxi. V. paraît inconsciente. Téléphone Van. de venir avec médecin. Elle amène Head. Découvre V. a pris 100 grains de véronal. Lui et Geoffrey Keynes et infirmières travaillent jusqu'à 12.30. Parti me coucher. V. très mal jusqu'à 1.30. Mieux à 6 quand Van. est venue me chercher.

Un article du *British Medical Journal* du 9 mai 1914 traitant d'un cas de surdosage au véronal décrit les soins assez radicaux qui ont pu sauver Virginia et permettre son rétablissement : injection de strychnine, lavage d'estomac, café, coups de fouet avec serviette mouillée.

Le véronal est un barbiturique sédatif introduit en 1903 et d'usage très commun – Stefan Zweig a mis fin à ses jours en s'empoisonnant au véronal ; Marilyn Monroe a été retrouvée morte dans sa chambre après en avoir absorbé une surdose. On vantait à l'époque ses propriétés miraculeuses. Il suffit de lire l'émerveillement de Marcel Proust devant un de ses équivalents, le tétronal, dans cette lettre du 2 octobre 1904 où il remercie la princesse de Caraman-Chimay, sœur d'Anna de Noailles : « Quel présent mystérieux que ce tétronal. Par quelle communion incompréhensible la blanche hostie qui semble le contenir seul m'apportera-t-elle pour quelques heures l'oubli des chagrins et me laissera-t-elle au matin, à l'heure du réveil, plus plein d'espérances et de résignation ? Merci de votre présent, Princesse, je vous devrai ce soir le sommeil. Vous ne m'aviez jusqu'ici donné que des rêves. »

Mais parce que l'utilisation régulière de ce barbiturique peut entraîner une tolérance et une dépendance aux effets de sédation et d'intoxication sans que la dose létale augmente de manière similaire, un empoisonnement aigu peut se produire à tout moment dans le cadre d'une intoxication. Ce qui explique que Leonard conservait le flacon dans une mallette. Mais il avait oublié de la fermer à clé ce jour-là. Alors, suicide ou overdose? La même question se posera pour Marilyn Monroe.

Quoi qu'il en soit, un tel usage est signe d'un désespoir extrême. Mais pas de folie. Pas de démence au sens d'atteinte organique du cerveau, pas de psychose. Virginia a pris le véronal sous le choc de la mauvaise nouvelle. S'est-elle trompée de dosage, ou l'a-t-elle volontairement pris d'un seul coup parce qu'elle n'a pas supporté l'idée de retourner en maison de repos?

Flacon de véronal.

Une lettre de Vanessa semble pencher pour la seconde hypothèse puisqu'elle conseille plus tard à Leonard de cacher couteaux et ciseaux. On est loin toutefois de la crise délirante de Nietzsche à Turin, loin aussi du délire de persécution de Camille Claudel internée cette même année 1913…

Difficile de croire à la folie de Virginia. Il semble qu'elle subisse le contrecoup d'une accumulation de faits extrêmement déplaisants : le voyage de noces, la vie conjugale qui ne semble pas lui avoir apporté la moindre révélation sensuelle ; la maternité qui lui est interdite ; les positions de Leonard sur l'art qui sont critiquées par le clan des artistes ; Vanessa, au centre du vortex artistique, qui se moque de l'ignorance de sa sœur sur ces questions ; des commérages qui se propagent sur la sexualité du couple Woolf ; le livre de Leonard qui est un succès, alors qu'elle doute du sien et craint le jugement de ses amis. Face à ce débordement d'émotions contraires, à un certain dérèglement de sa vie, Virginia paraît emportée dans une spirale dépressive. Avec un passage à l'acte comme ultime appel. Une ultime protestation. Mais pas de folie.

Arrêtons-nous un instant sur le traitement réservé à ces états féminins répertoriés sous le nom de «folie», et sur cette fameuse cure de repos qu'on impose à Virginia et qui s'inspire des méthodes de Silas Weir Mitchell, neurologue américain. Il en existe un témoignage important dans une nouvelle parue en 1892, à Boston, dans le *New England Magazine*, écrite par Charlotte Perkins Gilman et traduite en français sous le titre *Le Papier peint jaune*[1]. Dans son journal intime, la narratrice raconte à la fois la cure de repos prescrite pour sa dépression et comment celle-ci l'a conduite à une forme de psychose. C'est un véritable réquisitoire contre ce traitement aux effets néfastes où une femme jeune se voit prescrire des heures de repos allongée, forcée à un véritable gavage et surtout interdite de tout travail intellectuel. Obsédée par le papier peint jaune de sa chambre qui prend vie sous ses yeux, elle y voit des prisonnières comme elle : « Pendant longtemps, je n'ai pas compris ce qu'était cette forme dérobée derrière le motif, mais maintenant, je suis certaine que c'est une femme. À la lumière du jour, elle est calme, immobile. J'imagine que c'est le motif qui la bride. C'est si troublant… Et je m'y plonge pendant des heures… Parfois, je me dis qu'elles sont des multitudes, parfois qu'elle est seule. Elle fait le tour en rampant à une vitesse folle, ébranlant chaque motif. Elle s'immobilise dans les zones de lumière et, dans les zones d'ombre, elle s'agrippe aux barreaux qu'elle secoue avec violence. Sans fin, elle tente de sortir. Impossible d'échapper à ce dessin ? Il vous prend à la gorge. »

Autant dire qu'on est très loin de la méthode cathartique préconisée à la même époque par un médecin de famille viennois, Josef Breuer qui, « au lieu de chercher directement à affronter les symptômes et de suggérer leur abandon, proposait à ses clientes de se replacer au moment d'émergence du trouble, de retrouver les émotions

---

1. *Le Papier peint jaune*, Éditions des Femmes, 1976.

enfouies, de les extérioriser et de les verbaliser[1] », ainsi que de la cure par la parole que proposera Freud à sa suite. Pourtant, ses *Études sur l'hystérie*, cosignées avec Josef Breuer, sont parues en 1895. Et le cas d'Anna O., qui y est présenté, offre bien des ressemblances avec celui de Virginia. Ce qui est encore plus étonnant, c'est que dans son autobiographie, au même moment où il évoque la « folie » de Virginia, Leonard se vante d'être l'un des premiers à avoir saisi le génie de Freud. En juin, il a écrit une critique de son livre *Psychopathologie de la vie quotidienne* et proclame : « Je suis, je pense non sans raison, plutôt fier d'avoir en 1914 reconnu et compris la grandeur de Freud et l'importance de son travail quand cela n'était pas du tout commun. » On ne peut que s'étonner de cet aveuglement incompréhensible. Leonard, comme beaucoup d'autres certainement, est malgré tout passé à côté des nouvelles contributions de Freud sur la psyché humaine, lui « préférant » une approche médicalisée des troubles psychiques. Mais, heureusement, pas asilaire.

Parce que, à cette époque, la loi anglaise de 1890, le « Lunacy Act », imposait qu'on interne toute personne ayant attenté à ses jours ; Leonard, qu'on suppose en état de choc, doit en effet envisager la question de l'asile.

> À cette époque, quand une personne se trouvait dans l'état mental de Virginia, dangereusement suicidaire, il était habituel de l'interner. La procédure se déroulait

---

1. Jacques Hochmann, *Histoire de la psychiatrie*, PUF, coll. « Que sais-je ? », 2015.

devant un juge qui, sur certificat d'un médecin, délivrait un ordre pour l'accueil et la détention de la personne, soit dans un asile, soit dans une maison de repos autorisée à prendre des patients internés d'office. Les médecins refusaient naturellement de prendre le risque de laisser un patient suicidaire à son propre domicile. J'étais contre l'internement, mais acceptai de visiter certains de ces établissements. J'en vis deux ou trois recommandés par Head ou Savage. Ils me parurent horribles avec leurs grands bâtiments sombres, leurs hauts murs, leurs arbres lugubres et leur désespoir. Je dis aux médecins que j'étais prêt à faire tout ce qu'il fallait à condition de ne pas l'interner. Ils acceptèrent à condition que je m'arrange pour l'emmener à la campagne avec moi et deux (parfois quatre) infirmières.

Leonard a un exemple dans son entourage proche, une femme, une artiste peintre. Il s'agit de l'épouse de Roger Fry, Helen Coombe. Née en 1864, elle avait déjà connu un certain succès et vivait seule en toute indépendance avant de rencontrer Roger. Elle non plus ne voulait pas se marier par crainte de perdre sa liberté. Elle finira par l'épouser en 1896 puis, après avoir eu deux enfants, connaîtra des hauts et des bas, avant d'être définitivement internée en 1910 dans un établissement quaker pionnier dans sa façon humaine de traiter les «fous» : «The Retreat», fondé au XVIIIe siècle, qui existe toujours.

Helen Coombe et Roger Fry.

Dans sa biographie de Roger Fry, Virginia parle à peine de Helen, de la même façon qu'elle mentionne rarement sa demi-sœur Laura, atteinte d'imbécillité, internée au Earlswood Asylum dans le Surrey, fondé en 1847, spécialisé dans l'accueil des «idiots» et des «imbéciles». Et elle évoque à peine son cousin James Kenneth Stephen, le neveu préféré de Leslie, qui est mort à trente-trois ans dans un asile après avoir cessé de se nourrir pendant trois semaines – entre-temps, il aura été un poète célébré, un Apôtre lui aussi, mais suspecté d'être impliqué dans les meurtres de Jack l'Éventreur en raison de sa proximité avec le duc de Clarence dont il a été le tuteur à Cambridge…

Ces cas, qui devraient résonner avec sa propre expérience, n'intéressent pas du tout Virginia. Il est vrai qu'ils n'ont rien à voir avec elle. Pourtant ce silence a quelque chose d'étonnant. Comme si, à la suite d'un Rimbaud – «Je fixais des délires» –, elle savait que ses crises étaient une source de création unique, elle n'a jamais cherché à les décrire de façon méthodique, à les rationaliser, elle n'en a jamais tenu la chronique, le journal, elle les a simplement traversées avec l'idée de ramener quelque chose des enfers. Elle évoque parfois «*the sea of horrors*», l'océan d'horreurs dans lequel il faut plonger pour remonter des perles. Et de la même façon que l'on parle de l'agonie de Madame Bovary, dans le roman de Flaubert, comme d'un monument, il faut lire les derniers moments et les hallucinations de Rachel à la fin de *La Traversée des apparences* en reconnaissant l'extraordinaire talent et le courage de la romancière pour donner forme et sens à ses démons.

Virginia connaîtra une nouvelle crise en 1915. Violente. Les mêmes causes produisent-elles les mêmes effets ? Rien pourtant ne la laissait présager. Leonard est à cette époque plongé dans les affres de la publication des *Wise Virgins* dont le ton et les idées choquent profondément sa famille (qui se retrouve dans la peinture peu flatteuse d'une famille de la petite bourgeoisie) et provoqueront des frictions avec sa mère. Ce sera d'ailleurs son dernier roman. Le couple s'installe au 17, The Green, à Richmond (depuis Hyde Park Gate, c'est le quatrième déménagement de Virginia). Au même moment, la Fabian Society, le plus ancien *think tank* anglais, créé en 1884 et d'obédience socialiste, qui participera à la fondation du Parti travailliste, confie à Leonard la rédaction d'un livre sur le gouvernement international. Il connaît donc une période d'intense activité intellectuelle tandis que Virginia mène une vie assez terne. Elle s'occupe de leur maison, tape à la machine un manuscrit de Lytton, se retrouve loin des agapes de Gordon Square qu'elle aime tant (il faut compter une demi-heure aujourd'hui pour aller de Richmond à Londres en métro). Pourtant, elle hésite entre ces fêtes où elle se sent au sommet de la plus haute vague, au centre des choses, dans le bain, et la promesse d'une soirée au coin du feu, à lire Michelet et *L'Idiot*, et discuter avec un Leonard en pantoufles et robe de chambre. Le journal, qu'elle reprend à cette époque, laisse transparaître une véritable morosité : elle déteste faire les courses, elle se débat avec les soucis domestiques, les maisons de son nouveau quartier sont vilaines, il pleut sans arrêt. Des cadavres apparaissent dans la rivière et elle se demande si le mauvais temps ne provoque pas des suicides. Une péniche se détache et déplace les pierres d'un pont. Elle croise un groupe d'imbéciles et juge qu'on devrait les tuer. Leonard et elle échappent de justesse à un incendie. Peu à peu, cependant, une lueur apparaît. Elle se remet à écrire et le fait enfin avec joie parce qu'elle se moque désormais du qu'en-dira-t-on.

Le 25 janvier 1915, elle fête ses trente-trois ans. Leonard la gâte au point qu'elle reconnaît dans son journal : « Je n'ai pas le souvenir d'avoir autant profité d'un anniversaire ; pas depuis que j'étais enfant. »

Ils décident alors d'acheter une presse à imprimer. Ils songent en effet à publier un magazine depuis un moment. Virginia voit ce nouveau hobby comme un moyen de contrecarrer l'influence des Webb et des Fabians. Le 30, Leonard lit sa nouvelle *Trois Juifs* à leur amie Janet Case, ancienne professeure de grec de la jeune Virginia Stephen. Le lendemain matin, le couple se dispute sans qu'on en connaisse la raison. Et se réconcilie. Dans l'après-midi, Virginia lit les *Wise Virgins* qu'elle trouve remarquables et dont elle aime la poésie. Puis le journal s'arrête brutalement le 15 février. Le 25 mars, le couple s'installe à Hogarth House, au 34, Paradise Road. Le 26 sort le livre de Virginia. Le même jour, elle envoie une lettre bizarre à Lytton. Elle lui dit que tout va bien, que tout est merveilleux et qu'ils devraient offrir à Clive un perroquet « entraîné à ne dire que des propos orduriers et à satisfaire des caresses obscènes ». Cette étrange idée, qui n'a rien de drôle et ne ressemble pas à l'humour habituel de Virginia, même si Clive, en effet, multiplie les liaisons (il laisse d'ailleurs Vanessa libre d'en faire autant), cette fausse euphorie, cette agressivité déplacée marquent peut-être le début de la crise... Le 7 mars, Leonard demande à Jack Hills, le mari de Stella, qui a « transféré » les biens de sa défunte épouse à Virginia et Vanessa, de lui envoyer de l'argent : « Virginia est gravement malade... Les médecins pensent qu'il existe un risque sérieux d'une nouvelle crise nerveuse. » Le 28 avril, à Violet : « Je ne l'ai jamais vue aussi mal. Elle n'a pas dormi une minute au cours de ces dernières soixante heures. J'ai consulté de nouveau Craig cet après-midi. Il se montre très pessimiste. » Le 1er mai, à Violet : « Virginia n'a pas dormi, mais elle est plutôt lucide ce matin. » Le 10 mai, à Violet : « Virginia est bien moins excitée et a cessé de parler de manière incohérente. Elle dort aussi magnifiquement sans médicaments. » Le 12 juillet : « Virginia va beaucoup mieux. Toute son excitation a disparu... La seule chose, c'est qu'elle s'est montrée très violente avec moi il y a quatre semaines environ et, bien que ça aille un peu mieux, elle est encore très agressive. »

Pourquoi cette nouvelle crise ? On cherche désespérément à comprendre. On se munit d'une loupe, on scrute les lettres de Leonard, ligne par ligne, pour tenter de saisir une bribe de ce qui a pu se passer. Il manque une clé. On cherche du côté de Vanessa qui semble être partie dans une autre dimension. Virginia ne lui écrit guère, parle encore moins d'elle. On a l'impression qu'elles sont en froid. Rien non plus sur sa sœur dans les lettres de Vanessa, si ce n'est une critique assez froide de *La Traversée des apparences*. Avec les ateliers Omega, celle-ci s'est rapprochée de Duncan et trouve en lui une insouciance, une légèreté qui semble lui correspondre. Elle en tombe bientôt amoureuse – la réciproque n'est pas tout à fait vraie – et rompt avec Roger. Les relations avec Clive sont toujours aussi cordiales. Ils inventent une nouvelle façon de vivre leur couple en s'accordant une liberté totale. Alors que sa sœur se morfond en banlieue, l'hiver 1914 a été un des plus gais pour Vanessa à Londres.

On en est réduit à multiplier les hypothèses. Virginia en a-t-elle assez de cette vie monotone qu'elle n'a pas vraiment choisie ? Est-ce le vide dû à l'absence d'enfant ? En auraient-ils reparlé, ce qui expliquerait éventuellement sa violence envers Leonard ? Est-ce la menace de la guerre ? La publication de son roman ? Le souvenir de la mort de son père en février 1904, rappelé par sa lettre du 17 janvier 1915 au romancier et poète Thomas Hardy pour le remercier de son poème sur Leslie Stephen ?

On est également frappé par la cécité extraordinaire de tous ceux qui l'entourent. On traite les symptômes sans chercher les causes, avec l'idée peut-être que le génie de toute façon a quelque chose de fou. La folie féminine est admise. On n'a pas besoin d'aller lui chercher des raisons. C'est pourtant exactement l'inverse que fait Breuer avec Bertha Pappenheim, sa célèbre patiente plus connue sous le nom d'Anna O.

Leonard insiste dans son autobiographie sur la maniaco-dépression. Les médecins sur la neurasthénie. Les événements tels que les décrit Leonard, bouffées délirantes, incohérence verbale, agressivité, font davantage penser au phénomène de décompensation qui s'installe à la suite d'un événement ayant provoqué une telle rupture et à ce point angoissant et impensable, au sens propre, que le sujet se coupe de la réalité : « Cet effondrement est lié à une situation vécue par le sujet comme si éprouvante sur le plan affectif que ses ressources ne lui permettent plus de la maîtriser, de la réduire, ni de l'assumer. Il peut s'agir d'une angoisse "panophobique", voire d'un état psychotique, confusionnel ou délirant, le plus souvent transitoire et de type réactionnel[1]. »

Sans aller plus loin dans l'interprétation, on peut penser que deux événements se lient depuis 1913, la question de la maternité et la publication du roman qui doit donner son « nom » à Virginia, constituer son image, son identité en tant qu'écrivain. Dans les deux cas, il s'agit de naissance (et donc de mort). Donner naissance, naître à soi-même, ni l'un ni l'autre ne vont de soi. Renoncements à accepter, interdits à transgresser, tout cela se fait au prix d'une terrible souffrance psychique.

Cette crise de 1915 sera la plus profonde et la dernière avant très longtemps. Le plus terrible, c'est qu'on cesse alors d'entendre sa voix. On lui interdit d'écrire. Plus de journal intime avant 1917. Dans ce silence effrayant,

---

1. *Dictionnaire de la psychiatrie*, Éditions du CILF, 2000.

alors qu'on lui impose encore et toujours cette fameuse et infâme cure de repos, une lueur d'espoir : elle reprend sa correspondance à partir d'août 1915. De simples cartes postales d'abord puis de courtes missives, sous la surveillance de son infirmière.

Le mariage aura été une épreuve à partir du premier et profond désaccord sur le choix d'avoir un enfant ou pas. Faut-il accuser Leonard ? Il a sous les yeux l'exemple de Roger Fry qui lui explique peut-être que la maternité a précipité la maladie de sa femme, Helen. Leonard est à un moment de sa vie où il construit sa propre trajectoire. Il s'essaye à l'écriture, avec succès d'abord. Mais il pressent qu'il ne sera jamais le meilleur dans ce domaine et il sait que Virginia a du génie. Il veut donc se forger une autre destinée. La politique lui tend les bras. C'est là qu'il va déployer ses ailes, là qu'il est attendu, qu'il a un rôle à jouer. Il s'est lancé précisément au moment où la question de l'enfant se posait. A-t-il jugé que leur vie serait trop compliquée, trop difficile, que ce n'était pas le moment ? Nul doute que la crise profonde de Virginia le conforte dans sa décision. Pourtant, ils ne se séparent pas. Non seulement ils ne se quitteront jamais, mais ils auront des projets communs et elle deviendra un grand écrivain.

Malgré tout, les deux années qui ont suivi leur décision de s'unir et qui auraient dû être leur lune de miel ressemblent à vingt ans de mariage en accéléré. Leur union a constitué pour Virginia un déracinement symbolique. Elle a quitté le cocon qu'elle s'était fabriqué à Brunswick Square, déménagé quatre fois en trois ans et perdu une partie de ses repères. Elle a l'impression qu'on l'éloigne de Londres, de sa sœur, des activités de leur groupe d'amis. Elle doit «abandonner» le livre qui l'a accompagnée pendant toutes ces dernières années, son «voyage», parce qu'on pense qu'il lui nuit. Ce mariage, qui a pourtant été si mûrement réfléchi, se referme donc comme un piège sur elle. Sa «folie» oblige Leonard à occuper un rôle très paternaliste qu'on lui a reproché, mais qui était sans doute inévitable. Virginia savait qu'elle épousait un «protecteur». Et, d'une certaine façon, elle s'est conformée à cette distribution des rôles traditionnelle. Elle est en cela le produit de son milieu, contrairement à Vanessa qui va changer la donne, rejeter les conventions tout en maintenant les apparences, ou à Katherine Mansfield qui, alors qu'elle vient de rencontrer son compagnon, John Middleton Murry, ne cesse d'exprimer son refus viscéral de jouer les femmes au foyer et s'en échappe comme elle peut.

Virginia et Leonard suivront un autre chemin. Ils inventeront leur propre réponse au défi du mariage. Une réponse en plein chaos, une réponse au chaos.

6 • LA HOGARTH PRESS : UNE MAISON D'ÉDITION À SOI

> « *L'esprit de l'écrivain se regarde au miroir que lui livre la presse [...]. C'est un jugement très précieux et très redoutable que d'être magnifiquement imprimé.* »
> **Paul Valéry**

L'épreuve de 1915 aura été telle que le déclenchement de la guerre et son déroulement se voient relégués au second plan. Lorsque celle-ci s'intensifie et vient vraiment frapper à leur porte, Virginia et Leonard sont sortis de l'œil du cyclone. La crise est passée. Bien qu'ils soient encore sonnés de leur combat de boxe contre la «folie», ils vont savoir renaître des cendres d'un idéal parti en fumée. Un idéal de couple, on vient de le voir, mais aussi un idéal de civilisation, puisque la Première Guerre mondiale marque la fin du monde tel qu'ils l'ont toujours connu : «Puis le coup de feu éclata à Sarajevo qui détruisit la civilisation et le mode de vie tel que je l'avais connu dans les trente-quatre premières années de mon existence», écrit ainsi Leonard.

Le couple navigue entre Asham et leur nouvelle adresse (stable, cette fois, puisqu'ils y résideront presque dix ans), la Hogarth House, sur Paradise Road (ça ne s'invente pas !), pendant toute la durée de la guerre. Virginia, qui semble remise depuis la fin de l'année 1915 et qui, surtout, reprend une correspondance assidue avec sa sœur Vanessa, évoque dans ses lettres et son journal les soucis financiers – ne pas avoir d'espèces à disposition – le sentiment d'insécurité, la présence de soldats, les tranchées que l'on creuse, les fermes réquisitionnées pour servir d'hôpitaux de campagne, la peur d'une invasion ou d'un bombardement. Pour Leonard :

> La maladie de Virginia mise à part, les quatre années de la guerre de 1914 furent la période la plus horrible de ma vie [...]. Ce qui était affreux, c'était que rien ne semblait se passer, mois après mois, année après année, à part le massacre cruel, inutile, en France. Souvent, quand on se promenait dans les collines, on entendait le martèlement incessant des fusils dans les Flandres.

Comme à chaque période clé de son existence, tout le groupe Bloomsbury réagit face à ce choc, et ce de diverses manières.

Leonard termine la rédaction de son livre sur le gouvernement international. Ce texte, qui le rendra célèbre dans les milieux politiques et servira en partie à la fondation de la Ligue des Nations, a pour objectif de prévenir une nouvelle guerre par la création d'un organisme de sécurité collective internationale. Sa première version est acceptée en avril 1915. Il donne une visibilité politique nouvelle à Leonard, qui devient un homme influent.

> En 1915, je me plongeai [...] dans les recherches concernant mon sujet: les relations internationales, les affaires étrangères, l'histoire de la guerre et de la paix. J'acquis dès 1916 une profonde connaissance du sujet. Je devins une autorité... Les deux rapports que j'avais écrits furent publiés dans un livre, *International Government*, en 1916. Il eut, je crois, un certain retentissement. Il fut largement utilisé par le comité gouvernemental qui formula les propositions britanniques pour une Ligue des Nations établie avant la conférence de paix, ainsi que par la délégation anglaise à la conférence de Versailles.

De son côté, Clive écrit un pamphlet contre la guerre: *Peace at Once* (La Paix tout de suite) qui sera saisi par la police au printemps 1915. Lytton, Duncan et le nouvel amant de ce dernier, David Garnett, en pacifistes convaincus, cherchent à obtenir le statut d'objecteurs de conscience et s'engagent dans le NCF, le « No-Conscription Fellowship ». Lytton Strachey sera exempté après être passé devant un tribunal le 7 mars 1916, en faisant cette déclaration de toute évidence inspirée par Moore : « Je présente une objection consciente à participer, par une action délibérée de ma part, à la poursuite de la guerre. Cette objection n'est pas fondée sur une croyance religieuse, mais sur des considérations morales auxquelles je suis parvenu après une longue et profonde réflexion [...]. Je suis convaincu que tout système qui tente de régler des conflits internationaux par la force est profondément mauvais, et en ce qui me concerne, j'agirais mal en y prenant un rôle actif[1]... »

Duncan Grant et David Garnett réussiront à convaincre un tribunal de leurs convictions et obtiendront le statut d'objecteurs de conscience, mais ils devront travailler dans une ferme jusqu'à la fin de la guerre. Ce qui les conduira à s'engager chez un fermier près de Charleston, village situé à sept kilomètres d'Asham et des Woolf. Puis Leonard et Virginia pousseront Vanessa à y acheter sa future maison, Charleston House.

Parmi les membres les plus âgés du groupe, Desmond MacCarthy devient ambulancier pour la Croix-Rouge ; Forster ira en Égypte, à Alexandrie, pour la Croix-Rouge également ; Roger Fry œuvre aux côtés des volontaires quakers en France ; tout en étant objecteur de conscience,

---

1. Cité par Paul Levy dans *G.E. Moore and the Cambridge Apostles*, Weidenfeld and Nicolson, 1979.

Keynes entrera au Trésor et travaillera sur le financement de la guerre. Il sera en charge d'une nouvelle division chargée des prêts et emprunts interalliés et deviendra une autorité reconnue en matière de dette de guerre. Il sera d'ailleurs accusé par certains de ses amis de duplicité, puisque tout en condamnant la guerre, il en finance les combats.

Quant à Leonard, il sera exempté. Virginia le raconte ainsi, avec son ironie habituelle, dans une lettre datée du 25 juin 1916 : « Leonard a été complètement exempté [...]. Il s'est présenté devant les médecins militaires en tremblant comme une feuille de peuplier, muni de certificats disant qu'il tremblait, avait tremblé et ne cesserait jamais de trembler. C'est un grand soulagement pour nous. »

Voici les faits racontés par Leonard :

Quand je compris que je serais bientôt appelé, j'allai voir le Dr Maurice Wright pour le consulter comme médecin et comme ami. C'est lui qui m'avait reçu à mon retour de Ceylan pour savoir s'il pouvait me guérir d'un tremblement dans les mains. Il connaissait tout également de Virginia car je l'avais consulté quand elle était au plus mal. [...] Je lui expliquai la situation, il me dit qu'à son avis, mon départ serait désastreux pour Virginia ; d'un point de vue médical, il ne pensait pas que j'étais apte à servir l'armée. M'ayant traité sans succès pour une maladie nerveuse, il pouvait en toute conscience me procurer un certificat à remettre lors de mon examen médical.

Leonard sera de nouveau appelé en 1917 et totalement exempté, alors qu'en novembre de cette année-là, ses frères, Cecil et Philip, partis combattre dans le même régiment seront, l'un gravement blessé, l'autre tué par le même obus à la bataille de Cambrai (à laquelle participa, de l'autre côté, l'écrivain allemand Ernst Jünger).

Plaque du 34, Paradise Road, Richmond.

En avril 1917, Leonard et Virginia mettent enfin à exécution la promesse qu'ils s'étaient faite deux ans auparavant. Alors que les ateliers Omega sont en faillite, ils décident d'acheter une presse à imprimer. On sait que Virginia est bibliophile, qu'elle aime les vieilles éditions, mais aussi qu'elle a appris la reliure, s'y est exercée. On sait aussi que les médecins lui recommandaient le jardinage ou le tricot comme hobby, lorsqu'elle n'avait pas le droit d'écrire. On comprend que l'imprimerie lui ait paru mille fois plus attrayante que ces activités qui lui ressemblaient si peu. Selon Leonard :

> La difficulté avec Virginia était de trouver une occupation qui fût suffisamment absorbante pour lui faire oublier son travail. Nous étions tous les deux intéressés par l'imprimerie et nous avions envisagé la possibilité d'apprendre le métier d'imprimeur. Je songeai soudain que ce serait une bonne chose si Virginia avait une occupation manuelle de ce genre qui, disons l'après-midi, la distrairait complètement de son travail. Fin 1916, nous prîmes la ferme décision d'apprendre l'art d'imprimer.

L'entreprise va se révéler plus compliquée que prévu. Ils ne peuvent pas suivre une formation parce qu'ils ne sont ni syndiqués ni apprentis ni compagnons. Au cours d'une promenade, cependant, ils tombent sur un magasin, The Excelsior Printing Supply & Co, et s'arrêtent devant la vitrine comme deux gamins salivant en face de beignets et de gâteaux dans une pâtisserie, puis ils entrent et expliquent leur projet. Le patron leur vend une machine accompagnée d'un manuel très simple. Ils s'y plongent l'un et l'autre avec une passion partagée. La livraison de la presse est un moment attendu avec impatience (même si, une fois déballée, ils s'aperçoivent qu'elle est cassée...). Elle occupe la place du berceau, c'est la première image qui vient à l'esprit. Elle représente une sorte d'aboutissement au processus douloureux qu'aura été leur mariage, comme si là résidait la seule réponse à tous les doutes qui l'avaient précédé, à toutes les secousses qui l'avaient ébranlé.

Ce bel objet en bois et en fer forgé est porteur de tant d'espoir. Il va offrir un nouveau lieu de création au groupe de Bloomsbury : certains écriront, d'autres créeront des gravures sur bois pour illustrer couvertures et textes. Éditeurs, Leonard et Virginia décident de faire du livre un bel objet et de publier des voix nouvelles, l'un n'allant pas sans l'autre.

Virginia, qui s'est remise à écrire – son deuxième roman paraîtra en 1919 –, que l'on sent si heureuse d'avoir Vanessa de nouveau près d'elle, comme si le Bloomsbury d'avant le mariage, sa tribu, renaissait à la campagne, se trouve au centre de cette nouvelle ruche.

Mais cela va plus loin. En devenant éditrice, elle s'offre un espace de liberté pour ses propres œuvres. Elle sait désormais qu'elle se publiera de manière indépendante, qu'elle n'aura plus à se soumettre à l'avis de son demi-frère qu'elle estime si peu ni de personne. Non seulement elle connaîtra une liberté totale, mais Leonard et elle découvriront, choisiront, lanceront des auteurs, les mettront en valeur, imprimeront leurs goûts, Leonard se spécialisant dans les textes politiques, elle dans les œuvres plus littéraires.

En 1898, Gerald Duckworth avait créé sa propre maison d'édition, située à Covent Garden, profitant sans doute de l'essor que cette industrie avait connu en ce début de siècle et qui avait suscité une véritable vague entrepreneuriale (il avait publié de façon prudente et un peu conservatrice des textes de Henry James, Leslie Stephen). En 1917, Leonard et Virginia ont un désir d'éditeur différent. Ils perpétuent le lien entre imprimeur et éditeur (lien qui s'était distendu en cette période d'industrialisation); ils se présentent et travaillent comme des artisans. On sent le plaisir physique qu'éprouve Virginia lorsqu'elle se décrit rangeant les caractères dans les compartiments des casses puis, en «compositrice», formant des lignes d'écriture dans le composteur. C'est une activité longue, lente, laborieuse, pourtant, ils en tirent beaucoup de satisfaction, parce qu'ils possèdent un véritable amour des mots, de l'assemblage d'une phrase, de la construction d'un paragraphe. Virginia aurait-elle écrit (et prononcé, c'est d'ailleurs l'unique enregistrement que l'on possède de sa voix) cet essai sur les mots que l'on peut écouter sur la BBC si elle n'avait pas eu à les manipuler physiquement? L'acte d'écrire se double et s'enrichit de l'acte d'imprimer et de publier. «L'écriture est un art violent. Qu'on pense seulement quelle activité vigoureuse sinon violente il fallait déployer, autrefois, par exemple dans les scriptoriums médiévaux, pour marquer cette surface physique qu'est la peau d'un animal[1]. » La violence du geste se double de la violence que l'on doit exercer envers soi-même pour extraire les mots de leur gangue, laisser remonter les souvenirs, faire revivre les morts, céder à son imagination, lui accorder libre cours. C'est précisément parce que, dans cette activité si ordonnée que représente l'imprimerie manuelle, les mots sont comme domptés, maîtrisés, qu'elle possède un attrait indéniable.

Presse d'imprimerie de la Hogarth Press.

---

1. Régine Detambel, *Les livres prennent soin de nous*, Actes Sud, 2015.

Le premier livre qui sortira de la Hogarth Press, illustré par des gravures de Dora Carrington, la jeune amie de Lytton, réunit symboliquement Leonard et Virginia dans un recueil comprenant une nouvelle de chacun. Ils signent ainsi une sorte de nouvelle alliance, la seule authentique peut-être : « Nous décidâmes d'imprimer un court volume contenant une nouvelle de chacun de nous en essayant de le vendre par souscription… Si nous réussissions, nous pourrions imprimer et publier de la même façon des poèmes ou des nouvelles que des éditeurs commerciaux ne regarderaient même pas. »

Voilà, le rideau se baisse. L'orage est passé. On a frôlé la tragédie, ce moment où les dieux s'acharnent sur les héros sans leur laisser de répit, mais Leonard et Virginia sont parvenus à trouver un dénouement à leur image. Ce n'est pas le mariage qui les a changés, bien au contraire, il a été l'occasion d'une crise. Mais c'est la manière dont ils l'ont traversé, dont ils ont tenu et dont ils en sont sortis, qui les transformera.

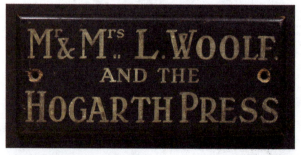

Plaque de la Hogarth Press.

Le fin mot de cette aventure en six actes revient à Virginia. Il figure dans l'ultime entrée de son journal en 1917, dans laquelle elle retranscrit une conversation qu'elle vient d'avoir, à Asham, avec Leonard, à propos des dernières nouvelles de la Russie. Leonard remarque :
«Une situation très intéressante…
— Et que va-t-il se passer ?
— Aucun être humain ne peut le prédire.»

On les quitte là en rêvant de ne pas connaître la fin.

NOUVELLES

TROIS JUIFS
Leonard Woolf
(inédit)

LA MARQUE SUR LE MUR
Virginia Woolf

PUBLICATION NO. I.

TWO STORIES

WRITTEN AND PRINTED
BY
VIRGINIA WOOLF
AND
L. S. WOOLF

HOGARTH PRESS
RICHMOND
1917

Page de titre de *Two Stories*.

TROIS JUIFS

Leonard Woolf

C'était un dimanche et le premier jour du printemps, du moins le premier jour où l'air sentait le printemps. Son souffle chaud, inévitablement teinté d'une légère tristesse, s'engouffrait par ma fenêtre. Je ne tenais pas en place et je n'avais nulle part où aller ; tous ceux que je connaissais avaient quitté la ville. Je contemplais dehors les arbres noirs qui bourgeonnaient, les tulipes et les jacinthes rouges, bleus et jaunes dont rien ne pouvait ternir l'éclat, pas même Londres, les rayons délicats du soleil printanier sur le bitume, les cheminées qui se découpaient sur le ciel bleu pâle. Je me surpris à grommeler « Et puis zut ! » sans raison évidente. C'était le printemps, je suppose, les premiers bouillonnements du sang.

J'avais envie de voir des arbres immaculés et le soleil briller sur l'herbe ; j'avais envie de fleurs, de feuillages que la suie n'avait pas souillés ; je voulais voir et sentir la terre ; par-dessus tout, j'avais envie d'horizon. Quelque chose m'attendait, j'en étais sûr, par-delà les maisons et les cheminées ; à l'endroit où la terre et le ciel se rencontraient. Ce ne fut pas le cas, bien entendu, néanmoins je pris un train pour Kew.

Si je ne trouvai pas à Kew l'endroit où la terre et le ciel se touchent ni même l'odeur de la terre, je vis du moins le soleil sur l'écorce brune des arbres et le vert délicat des pelouses. C'était le printemps ici, un printemps anglais avec sa douce brise fraîche et son ciel bleu pâle par-dessus les arbres. Oui, le calme et raisonnable printemps anglais caressait et dégrisait les grandes fleurs luxuriantes et florissantes, qui jaillissaient en cascades blanches au-dessus des étranges arbres tropicaux.

Le printemps avait attiré dans les jardins une foule nombreuse, de calmes et raisonnables Anglais. C'étaient les premiers bouillonnements du sang. Ils les avaient poussés à sortir en couple, en famille, certains en robes noires raides et imposantes, manteaux et pantalons ternes, jupes et chapeaux démodés. D'autres en costumes élégants, habits et guêtres. Ils examinaient les arbres tropicaux qui s'exhibaient et plaisantaient en se poussant du coude avec de petits rires sous cape. En bons Anglais, ils étaient heureux à leur manière calme et raisonnable, heureux sous la chaleur du soleil, parmi les arbres paisibles, heureux de l'herbe douce sous leurs pieds. Ils ne couraient pas, ne criaient pas, ils se promenaient d'un pas lent, sans bruit, en évitant avec soin de marcher sur les pelouses comme les écriteaux le leur indiquaient.

Il faisait très chaud ; c'était bien agréable et bien fatigant. Je flânai jusqu'aux grandes grilles de la sortie et fus hélé par un homme agitant une serviette – il se tenait sur le trottoir – qui m'invita à traverser une maison géorgienne débouchant sur un jardin parsemé de tables peintes en blanc et de chaises sales et bancales. Il y avait foule ; je m'assis à l'unique table inoccupée puis observai les clients qui dégustaient des gâteaux aux prunes et sirotaient leur thé, sobrement, calmement, sous le doux pommier en fleurs.

Un client entra dans le jardin et chercha une place d'un coup d'œil rapide. Je l'examinai d'une manière distraite, paresseuse. Il paraissait affairé, déterminé, énergique. Je remarquai ses cuisses épaisses, ses bras qui pendaient de chaque côté, relâchés et mous, comme cela arrive souvent quand on porte des gilets informes sans manches, son visage gras au teint mat, sa bouche sensuelle, la grande courbe de sa lèvre supérieure et la lippe pendante. Il avait un visage intelligent, sombre et impénétrable avec de grands yeux mystérieux et des paupières lourdes qui se terminaient aux coins par de profondes rides.

Il s'arrêta à ma table, regarda la chaise vide puis, en se tournant vers moi, me dit :

« Excusez-moi, monsieur, ça vous ennuie si j'm'assois à votre table ? »

Je remarquai le léger empâtement de la voix, l'emphase du ton et sa petite note d'assurance. Je lui répondis que cela ne me gênait pas du tout.

Il s'assit, se carra dans son siège et retira son chapeau. Il avait un grand front, des cheveux noirs, des mains épaisses, bien formées.

« Splendide, dit-il, c'est une journée splendide. Rarement vu une aussi belle. Rien ne vaut une belle journée de printemps anglais. »

Je levai les yeux sur le pommier en fleurs et le ciel bleu pâle derrière sa large tête noire et souris. Il s'en aperçut, rougit puis sourit à son tour.

«Ça vous amuse, dit-il sans cesser de sourire, je crois savoir pourquoi.

— Oui, vous m'avez tout de suite reconnu et je vous ai reconnu. On est assez voyants, n'est-ce pas, sous ce pommier en fleurs et ce ciel ? Il ne nous appartient pas. Vous ne le regrettez pas ?

— Ah, fit-il d'un air sérieux, c'est bien la question. Je dirais plutôt que nous ne lui appartenons pas. Nous appartenons encore à la Palestine, pour autant je ne suis pas sûr qu'il ne nous appartienne pas.

— Bon, votre version est peut-être plus juste que la mienne. Je l'accepte, mais la question demeure : regrettez-*vous* de ne pas *lui* appartenir ? »

Il ne parut pas le moins du monde offensé. Il balança sa chaise en arrière, glissa un pouce dans l'emmanchure de son gilet et balaya du regard le jardin. Il affichait une concentration exagérée, une mine pénétrée, pesante dans le frêle air printanier, au milieu des discrets buveurs de thé. Il médita longuement sans répondre à ma question. Quand il reprit la parole, ce fut pour me demander :

« Vous allez parfois à la synagogue ?

— Non.

— Moi non plus. Sauf pour Yom Kippour, tous les ans. Je ne manque jamais cette occasion – la force de l'habitude. Bien sûr, je ne crois pas ; je ne crois en rien – vous ne croyez en rien –, nous sommes tous des sceptiques. Pourtant, nous appartenons encore à la Palestine. C'est drôle, non ? À quel point cela se voit ! Sous le pommier en fleurs et le ciel bleu, comme vous dites, tout autant que dans un cimetière.

— Un cimetière ?

— Ah ! je pensais à un autre homme que j'ai rencontré un jour. Il appartenait à la Palestine lui aussi. Voulez-vous que je vous parle de lui ? »

Je lui répondis :

« Bien volontiers. »

Il enfonça ses mains dans ses poches et commença aussitôt.

La première fois que je l'ai vu, je m'en souviens parfaitement, comme si c'était hier. Pas de pommier en fleur pour cette journée de novembre glaciale, d'un froid terrible. Rarement vu un jour aussi froid. C'était l'anniversaire du décès de ma pauvre Rebecca, ma première femme. Une excellente épouse, vous pouvez me croire, nous avons été très heureux. (Il sortit un mouchoir blanc, en soie, de sa poche, le déplia d'un geste un peu théâtral et se moucha bruyamment pendant un moment. Puis il reprit :)

Je l'ai enterrée au cimetière de K. Road. Vous le connaissez certainement ? Comment ? Non ? Oh, ce n'est pas possible, le grand cimetière, à côté de l'hôpital ! Vous connaissez l'hôpital au moins ? Bon, alors en sortant de la gare, vous le longez et puis vous prenez la première à droite, la seconde à gauche et vous y êtes. C'est un grand cimetière, très grand, presque autant que celui de Golders Green. Les jardins sont très bien entretenus. Bref, ma pauvre femme repose là… Ma première femme, car je me suis remarié, vous voyez, et elle se porte comme un charme, Dieu merci. Donc, j'étais venu déposer des fleurs sur sa tombe pour ce premier anniversaire.

D'ailleurs, vous ne trouvez pas ça curieux, vous ? Je me demande souvent à quoi ça sert. Ce n'est pas comme si cela faisait du *bien* à qui que ce soit. Je ne crois pas à l'immortalité, pas plus que vous ou aucun d'entre nous. Pourtant, je vais déposer des fleurs sur la tombe de ma pauvre femme en sachant que cela ne lui fera aucun bien. C'est par sentimentalisme, je suppose. Personne ne peut dire que, nous, les Juifs, ne sommes pas des sensibles et qu'on n'a pas le sens de la famille. C'est même l'un de nos principaux traits de caractère.

Oui, ils ne nous aiment pas (il regarda autour de lui les buveurs silencieux). Nous sommes trop intelligents peut-être, trop vifs, trop dynamiques. *Nous*, voilà ce qu'on est. *Nous*, et ils n'aiment pas ça, hein ? Mais ils ne peuvent nier nos autres vertus, la sensibilité et le sens de la famille. Tenez, regardez cette catastrophe du *Titanic*. Qui a refusé de monter dans les canots sans son mari ? Qui a affronté la mort main dans la main avec son mari ? Hein ? Une Juive. Eh oui. Ses fils se lèvent et la disent heureuse. Son mari se lève et la loue.

J'ai choisi ce verset des Proverbes pour la pierre tombale de ma pauvre femme. Je m'en souviens, j'étais debout et je le lisais ce jour-là, le jour dont je vous parle. Mon cher monsieur, j'étais complètement dévasté, debout dans ce cimetière froid et humide, avec toutes ces tombes blanches autour de moi dans le brouillard jaune et humide de novembre. J'avais déposé de belles fleurs blanches sur sa tombe.

Le gardien du cimetière m'avait fourni quelques pots en verre pour les fleurs et, en partant, je voulus lui donner une petite pièce. Je le trouvai près de la sortie. Sapristi, on ne pouvait pas se tromper, il avait tout d'un Juif. Ses bras pendaient le long de son corps de cette façon si curieuse, vous voyez ce que je veux dire ? Relâchée, molle, comme s'il avait emprunté les vêtements d'un autre. Il avait des yeux gris, intelligents, rusés, un *pince-nez* en or et un nez, sapristi, monsieur, un nez extraordinaire, un de ces nez, blancs et brillants qui, de face, paraissait presque plat. Immensément large, courbé vers le bas, descendant du milieu des sourcils broussailleux vers les lèvres comme une grande route, de profil, il était colossal, aussi voyant qu'une trompe d'éléphant avec ses courbes et ses nombreuses rides.

J'étais, comme je l'ai dit, complètement dévasté. J'avais besoin de parler à quelqu'un et, même si je n'attendais pas un grand réconfort de la part d'un gardien de cimetière, je lui dis, pour faire la conversation, tout en lui tendant un shilling :

« Ces jardins sont bien entretenus. »

Il me regarda par-dessus ses verres au bord doré.

« On fait ce qu'on peut. Ça ne fait pas longtemps que je suis ici, mais je travaille de mon mieux. On ne peut pas en demander plus à un homme, n'est-ce pas ?

— Non, c'est vrai. »

Il tourna la tête et examina une pierre tombale non loin. Elle penchait d'un côté, jaunie par la suie, son plâtre s'effritait. Un misérable arbuste décharné à feuillage persistant, était posé sur la tombe. Une citation était gravée sur la pierre. Elle évoquait, je m'en souviens, le juste qui fleurira comme le palmier.

« Mais on peut pas tout faire. Regardez-moi ça. Il y a des gens qui ne se donnent aucun mal, ne viennent jamais, ne dépensent pas un penny pour leurs tombes. Alors, bien sûr, elles finissent comme ça. Et ça va être de pire en pire, car on n'enterre plus que des réservistes ici maintenant. Parfois, c'est la faute de personne : des familles s'éteignent, les tombes sont oubliées. Ça ne fait pas beau mais, après tout, quelle importance ? Quand je serai mort, ils pourront aussi bien me jeter sur un tas de fumier, pour ce que ça me fera. »

Il contempla d'un regard critique les rangées de tombes d'un blanc poussiéreux dont il avait la charge, la mine hostile, comme si elles lui avaient fait du tort.

« Vous ne croyez pas à la vie après la mort ? » dis-je.

Il enfonça ses mains dans les poches de son long pardessus, pressa les pans sur son corps et leva les yeux vers le ciel bilieux et les maisons jaunâtres qui surplombaient le cimetière.

« Non, en effet, répondit-il d'un ton convaincu. C'est peu probable. Personne n'en sait rien mais c'est peu probable, vous croyez pas ?

— Pourtant... la Bible ? »

Ses yeux gris, froids, se posèrent calmement sur moi par-dessus son pince-nez.

« Je suis pas certain qu'on trouve grand-chose dans la Bible sur le sujet, hein ? Et puis on peut pas croire tout ce qui est écrit dans la Bible. Il y a le Tout-Puissant, bien sûr, mais bon… Il peut exister comme il peut ne pas exister, là, je dis que je sais pas. Mais une vie dans l'au-delà, ça, j'y crois pas. Aujourd'hui, on n'est plus obligé de croire en tout. C'était différent dans ma jeunesse. Fallait croire à tout à l'époque. Fallait croire tout ce qu'on vous disait à la *Schul*. Aujourd'hui, on sait réfléchir par soi-même. Mais *attention*, c'est *pas bon* de trop penser. Si on réfléchit trop à ce genre de choses, on devient fou, complètement cinglé. Moi, ce que je dis, c'est : menez une vie vertueuse ici-bas et vous aurez votre récompense ici-bas. Ça a marché pour moi. J'ai pas toujours fait ce genre de boulot. J'ai eu une affaire, dans le temps. Les choses ont mal tourné, j'y étais pour rien mais j'ai tout perdu. Il a fallu tout vendre, tout sauf un vieux lit en bois. C'étaient des temps durs, je vous le dis, moi ! Et puis on m'a proposé ce travail – il n'est pas très reluisant, mais je me suis dit, au moins ma femme et mes deux garçons auront un logement confortable tant que je vivrai. J'ai essayé d'avoir une vie vertueuse et ça va aller mieux pour moi maintenant, hein ? »

Je songeai à ma propre épouse et à mes enfants, orphelins de mère. Ma tristesse s'accrut. Je songeai à notre race, à ses traditions, à sa foi. Tout ça disparaît dans le monde qui nous entoure. Notre vieil esprit, notre vieille foi sont restés vivants, ardents, vigoureux – pendant je ne sais combien de siècles – alors même qu'on crachait sur nous, les parias. Aujourd'hui, affaiblis, éteints, ils sont balayés par l'incrédulité universelle. Je contemplai cet homme dans l'ombre du brouillard jaunâtre de Londres, puis les immeubles londoniens gris, sordides. « Cet homme, me dis-je, ce simple gardien de tombes est autant victime de l'incrédulité que moi. Il n'est plus juif, pas plus que moi. Nous ne sommes juifs que par notre apparence désormais, nos cheveux noirs et nos grands nez, notre façon de nous tenir, de marcher. Mais au fond de nous, nous ne sommes plus des Juifs. Même *lui*, gardien des tombes juives, ne croit plus. Le vieil esprit, la vieille foi l'ont déserté. »

J'avais tort, je le sais maintenant et je vais vous raconter comment je l'ai découvert. L'esprit est toujours là, je peux vous l'assurer. Il est bien apparu sous le pommier en fleurs, n'est-ce pas ? Il apparut aussi entre les tombes.

Je le revis par une autre journée de novembre, typiquement anglaise, londonienne. Oh, Seigneur ! Son nez s'y montra tout blanc, le bout rubicond, sous les rangées de maisons, les cheminées, le ciel bas dégoulinant de mélancolie. Je m'étais marié entre-temps et mon épouse – elle a un cœur gros comme ça – m'avait accompagné pour déposer des fleurs sur la tombe de ma pauvre Rebecca – c'était un autre anniversaire, vous voyez. Oui, j'étais heureux, ça ne m'ennuie pas de vous le dire, même là, près de la tombe de ma pauvre Rebecca.

Je le trouvai posté au même endroit avec un chapeau haut de forme noir et un long pardessus. Il examinait les pierres tombales par-dessus ses lunettes à monture dorée. Les épaules basses, il semblait porter tous les soucis du monde.

« Bonjour, me dit-il en touchant le bord de son chapeau.

— Alors, comment va la vie ? » lui demandai-je.

Il me fixa de ses yeux gris et durs, la douleur s'y lisait, et me répondit d'un ton sans révérence ni ironie ni aucune émotion d'ailleurs :

« L'Éternel a donné et l'Éternel a ôté. Que le nom de l'Éternel soit béni. J'ai enterré ma pauvre femme mardi dernier. »

Il y eut un silence gêné.

« Je suis désolé de l'apprendre, vraiment désolé.

— Oui, le juste fleurit comme le palmier, c'est ce qu'ils disent ; regardez, c'est écrit là, sur la pierre tombale, fit-il en tournant la tête pour examiner cette dernière.

« Foilà, dit-il alors que je remarquai pour la première fois son lourd accent juif. Foilà, c'est écrit là, donc j'suppose qu'c'est vrai, hein ? Mais c'est pas toujours facile à comprendre. J'ai toujours dit que la seule chose à faire, c'était mener une vie vertueuse ici-bas, une vie vertueuse et on sera récompensé. Mais ça fait longtemps que j'attends, soupira-t-il. Oui, vraiment longtemps. J'ai connu des épreuves, on en a eu, ma pauvre femme et moi, et puis j'ai dégoté ce boulot. J'ai cru qu'elle allait enfin avoir une vie paisible et heureuse. Rien de fou niveau salaire, mais assez pour nous et nos deux garçons. Et un logement correct pour elle. Et puis à peine arrivés ici, elle tombe malade et meurt, la pauvre.»

Il s'essuya les yeux.

«Je ne sais pas pourquoi je dis la pauvre. Elle repose en paix maintenant. J'aurais pas pu avoir une meilleure épouse, elle était la meilleure.»

Il enfonça ses mains dans les poches de son manteau et serra les bras le long de son corps. Il ressemblait à un grand oiseau noir, les ailes repliées sur lui-même. Il se balança d'avant en arrière, d'abord sur ses orteils puis sur ses talons en me regardant du coin de l'œil, le front plissé.

«Foilà, reprit-il. Mais j'ai mes garçons. J'aimerais que vous puissiez les voir. Deux beaux jeunes hommes. L'un gagne 30 shillings par semaine et il a que dix-huit ans. Il va aller loin, j'vous l'dis. Jusque-là.»

Il se tapa le front.

«Et l'autre, bon, j'ai beau être son père, j'ai pas peur de le dire, c'est un génie. Il dessine, il dessine, c'est magnifique ! Et il peint aussi, des tableaux vraiment artistiques. Ah ! ce sont des bons gars. Bien sûr, l'aîné est un peu déluré.»

Il baissa la voix et découvrit ses dents dans un grand sourire.

«Il aime bien courir le jupon, mais c'est un garçon, après tout. J'ose dire que j'étais pareil.»

Son rire en présence de mon épouse ne me plut qu'à moitié. Je lui donnai donc sa pièce et partis. Je le revis une dernière fois. À cette occasion, j'avais emmené mon fils, le cher petit, pour qu'il voie la tombe de sa mère. Et Fanny nous accompagna. C'est une vraie mère pour mes petits orphelins.

Je le trouvai à la même place avec son haut-de-forme et son manteau noir miteux. Quelque chose clochait, je le vis tout de suite. Il flottait dans ses vêtements comme une vieille perche pour corde à linge. Le pauvre se tenait encore plus voûté qu'avant, les épaules basses. Le visage gris, pâteux, affreusement ridé, le nez plus blanc et plus brillant que jamais, il avait un air miteux. Voilà le mot qui le résumait, miteux de bout en bout. Abattu, avili, démoralisé, dévasté, en miettes. Pourtant, je ne sais comment, il parvenait à démentir cette impression, il n'avait pas sombré. Il y avait quelque chose en lui qui résistait encore et le faisait tenir, comme un rocher battu et secoué résiste, inébranlable.

« Alors, comment allez-vous ? demandai-je.

— Très mal, répondit-il d'une voix morose. Très mal. Je ne suis plus ce que j'ai été.

— Rien de grave, j'espère ?

— Oh, pas au point qu'on m'enterre.

— Et les garçons ? Ils vont toujours bien, j'espère ? »

Il se raidit en me jetant un coup d'œil sévère.

« Quels garçons ? Je n'ai qu'un fils.

— Je suis désolé, terriblement désolé…

— Non, non, ce n'est pas ce que vous pensez, pas du tout. J'ai eu des soucis, mais pas ça. Mon aîné… Il n'est plus mon fils. J'en ai fini avec lui ; je n'ai plus qu'un fils maintenant. »

Il ne paraissait plus du tout accablé, ni humble. Il se redressa, se grandit. « Une race têtue », me dis-je.

« Vous voulez savoir combien j'ai de fils ? Je vais vous répondre : un. Un seul, c'est tout. Cet individu n'est pas mon fils. J'avais une bonne qui travaillait chez moi, une chrétienne, il l'a épousée en cachette. Il m'a demandé de m'asseoir pour me présenter une fille, une chrétienne qui travaillait chez moi – je n'ai pas pu. Je ne suis pas orgueilleux, mais il y a des choses... Si encore il était venu me voir en me disant : "Papa, je veux épouser une fille, une fille vraiment bien, mais elle n'est pas des nôtres, je te demande ta permission et ta bénédiction ?" Bon, je ne suis pas pour ; nos femmes valent mieux, mille fois mieux que les chrétiennes. Est-ce qu'elles ne sont pas aussi belles, aussi intelligentes, aussi bonnes épouses ? Ma pauvre mère, que son âme repose en paix, disait toujours : "Mon fils, elle disait, si tu viens me voir pour me dire que tu veux épouser une fille bien, une Juive, je me fiche de savoir si elle a une chemise sur elle, je l'accueillerai les bras ouverts ; mais si tu épouses une chrétienne, elle aura beau être aussi riche que Salomon, tu n'existeras plus pour moi, ne t'avise pas de remettre les pieds dans ma maison." Bon, je comprends, mais moi, j'irais pas aussi loin. Les temps changent. J'aurais pu recevoir sa femme, c'est pas parce qu'elle était goy. Mais une servante qui lavait mes assiettes ! Je ne pouvais pas. On a sa dignité quand même ! »

Il se tenait devant moi, droit comme un I, dans son manteau noir miteux, sévère, digne, tel un rocher usé, battu, pourtant inébranlable. Impossible de lui donner une petite pièce. Je lui serrai la main et le laissai ruminer sur son fils et ses tombes.

18   THREE JEWS

"Dad, I want to marry a girl"—a really nice girl—"but she's not one of us: will you give me your permission and blessing?" Well I don't believe in it. Our women are as good, better than Christian women. Aren't they as beautiful, as clever, as good wives? I know my poor mother, God rest her soul, used to say: "My son," she said, "if you come to me and say you want to marry a good girl, a Jewess, I don't care whether she hasn't a chemise to her back, I'll welcome her—but if you marry a Christian, if she's as rich as Solomon, I've done with you—don't you ever dare to come into my house again." Vell, I don't go as far as that, though I understand it. Times change: I might have received his wife, even though she was a Goy. But a servant girl who washed my dishes! I couldn't do it. One must have some dignity."

He stood there upright, stern, noble: a battered scarred old rock, but immovable under his seedy black coat. I couldn't offer him a shilling; I shook his hand, and left him brooding over his son and his graves.

THE MARK ON THE WALL
By
VIRGINIA WOOLF

Perhaps it was the middle of January in the present year that I first looked up and saw the mark on the wall. In order to fix a date it is necessary to remember what one saw. So now I think of the fire; the steady film of yellow light upon the page of my book; the three chrysanthemums in the round glass bowl on the mantelpiece. Yes, it must have been the winter time, and we had just finished our tea, for I remember that I was smoking a cigarette when I looked up and saw the mark on the wall for the first time. I looked up through the smoke of my cigarette and my eye lodged for a moment upon the burning coals, and that old fancy of the crimson flag flapping from the castle tower came into my mind, and I thought of the cavalcade of red knights riding up the side of the black rock. Rather to my relief the sight of the mark interrupted the fancy, for it is an old fancy, an automatic

Double page extraite de *Two Stories*, édition Hogarth Press, Richmond, 1917, illustrée de bois gravés de Dora Carrington.

LA MARQUE SUR LE MUR

Virginia Woolf

Traduit de l'anglais par Pierre Nordon

C'est peut-être à la mi-janvier de cette année que, levant les yeux, j'ai vu pour la première fois la marque sur le mur. Pour être précise sur une date, il est nécessaire de se rappeler ce que l'on a vu. Ainsi, en ce moment, le feu ; la pellicule tenace de lumière jaune sur la page de mon livre ; sur la cheminée les trois chrysanthèmes dans le bocal de verre. Oui, ce devait être en hiver et nous venions de terminer le thé, car il me souvient que c'est en fumant une cigarette que j'ai levé les yeux et vu pour la première fois cette marque sur le mur. J'observais à travers la fumée de la cigarette et mon regard se posa un instant sur les charbons ardents, qui firent resurgir le vieux fantasme du drapeau écarlate flottant à la tour du château, et je songeais à une chevauchée de chevaliers rouges le long du rocher noir. À mon soulagement, la vue de la marque oblitéra ce fantasme, qui est un ancien fantasme, répété, datant peut-être de mon enfance. C'était une petite marque ronde, se détachant noire sur le mur blanc à une vingtaine de centimètres au-dessus de la cheminée.

Nos pensées ne sont que trop promptes à se précipiter sur un nouvel objet, à lui faire faire un bout de chemin, à la façon des fourmis qui transportent fiévreusement un brin de paille, puis l'abandonnent... Si un clou a laissé cette marque, il ne peut pas avoir été planté pour un tableau, c'était sans doute une miniature, représentant une dame aux boucles poudrées de blanc, aux joues voilées de poudre et aux lèvres pareilles à des œillets rouges. Un trompe-l'œil, bien sûr, car les précédents locataires ont dû choisir les tableaux de cette façon-là : un vieux tableau pour aller avec une vieille pièce. C'était leur genre : des gens très bien, et auxquels je pense si souvent, dans des lieux si bizarres, car on ne les reverra jamais, avec eux jamais rien de sûr. Ils sont partis parce qu'ils voulaient vivre dans d'autres meubles, à ce qu'il disait, lui, et il était en train de dire qu'à son avis l'art devait exprimer des idées, lorsque nous avons été brutalement coupés, à la façon dont, emporté à toute vitesse dans le train, on perd brutalement de vue un jardin de banlieue où une vieille dame s'apprêtait à verser le thé et un jeune homme à frapper sa balle de tennis.

Pour en revenir à la marque, je ne suis pas sûre ; finalement, je ne crois pas que c'était un clou ; elle est trop grande et trop ronde. Je pourrais me lever pour l'examiner, mais il y a gros à parier que je serais incapable de décider ; après coup on ne sait jamais comment ça s'est produit. Ah ! bonté divine, le mystère de l'existence ; l'incertitude des idées ! Notre ignorance des choses humaines ! Pour montrer à quel point la maîtrise de nos possessions nous échappe – et la contingence de notre vie en dépit du progrès – je vais récapituler quelques-uns des objets que l'on égare au cours de son existence et, pour commencer, car elle reste la plus mystérieuse des disparitions – quel chat les aurait grignotés, quel rat les aurait rongés ? –, trois coffrets bleu pâle d'accessoires de reliure. Et puis il y avait les cages d'oiseaux, les cerceaux de fer, les patins d'acier, le seau à charbon de l'époque de la reine Anne, le billard miniature, l'orgue à manivelle : tous disparus, et des bijoux aussi. Des opales et des émeraudes enfouies du côté des racines de navets. Que de fouilles et de raclages tout cela représente ! L'étonnant, c'est que j'aie encore des vêtements sur le dos et que je me trouve assise, entourée de meubles bien solides. À vrai dire, si l'on veut se représenter son existence, on doit imaginer que l'on se trouve soufflée à cent à l'heure dans un tunnel du métro pour se retrouver à la sortie nue comme un ver. Précipitée toute nue aux pieds de Dieu ! Culbutée dans les champs d'asphodèles comme un colis dans le toboggan du bureau de poste ! Échevelée comme la queue d'un cheval de course. Oui, voilà ce qui traduirait la rapidité de la vie, cette succession de pertes et de récupérations ; tout cela dans le désordre et au hasard...

Mais après la vie. La lente extirpation des épaisses tiges vertes, de sorte que, en se renversant, la corolle vous inonde d'une lumière mauve et rouge. Car, après tout, pourquoi ne pas renaître là comme on est née ici, impuissante, muette, la vision incertaine, se cramponnant aux racines d'herbe, aux orteils des Géants ? Et quant à distinguer les arbres des hommes et des femmes, ou dire si pareilles choses existent, c'est ce dont on sera incapable pendant une bonne cinquantaine d'années. Il n'y aura que des espaces d'ombre et de clarté, entrecoupés de tiges épaisses et, plus haut, peut-être, des macules en forme de roses aux tons incertains – rosâtres et bleutées –, et qui, à la longue, deviendront plus nettes, deviendront... je ne sais quoi.

Pourtant cette marque sur le mur n'est pas, sûrement pas, un trou. Elle est peut-être le fait d'un élément noir et rond, par exemple une petite feuille de rose laissée là l'été dernier, et comme je ne suis pas une ménagère très attentive – voyez plutôt la poussière sur la cheminée, cette poussière sous laquelle Troie fut, à ce qu'on dit, trois fois ensevelie, seuls des morceaux de poterie ayant résisté à l'extermination, ce qui est fort concevable.

Au-dehors une branche tapote doucement contre la vitre de la fenêtre... or j'ai besoin de réfléchir tranquillement, calmement, à loisir, sans jamais être interrompue ni être obligée de me lever, de passer facilement d'une chose à l'autre, sans avoir le sentiment d'être contrecarrée ou gênée. J'ai besoin d'approfondir, de m'éloigner de la surface avec ses réalités distinctes et dures. Pour m'affermir je vais saisir la première idée venue... Shakespeare... Eh bien, il fera l'affaire. Un homme fermement calé dans son fauteuil, qui regardait le feu, de cette façon. De je ne sais quels Cieux un déluge d'idées se déversait perpétuellement dans son esprit. Il s'appuyait le front contre la paume de la main, et les gens qui regardaient par la porte entrebâillée – car cette scène est censée se dérouler par un soir d'été… Mais qu'elle est donc ennuyeuse, cette fiction historique! Je ne m'y intéresse pas du tout. Si seulement je pouvais tomber sur un sujet agréable, un sujet qui me flatterait indirectement, car ce sont là les pensées les plus agréables, et très fréquentes, même chez ceux qui, avec leur modeste allure gris muraille, croient sincèrement ne pas apprécier de s'entendre complimenter. Il n'existe pas de pensées qui vous flattent directement; c'est ce qui en fait la beauté; des pensées de ce genre :

«Alors je suis entrée dans la pièce. Ils parlaient de botanique. J'ai raconté que j'avais vu une fleur pousser dans un tas de poussière sur le site d'une vieille maison de Kingsway. On avait dû semer cette graine sous le règne de Charles Ier. "Quelles fleurs poussaient du temps de Charles Ier?" ai-je demandé (mais je ne me rappelle pas la réponse); peut-être de grandes fleurs avec des pompons violets.» Et ainsi de suite. Mentalement je ne cesse pas d'enjoliver mon image, amoureusement, furtivement, sans la vénérer ouvertement, car en ce cas je me prendrais la main dans le sac et je me réfugierais dans la lecture. Il est vraiment curieux de noter comment nous protégeons l'image que nous avons de nous-mêmes contre l'idolâtrie ou contre toute manipulation de nature à la rendre soit risible, soit si peu conforme à l'original qu'elle en perdrait toute crédibilité. Ou bien est-ce si curieux que cela? C'est une question très importante. Si le miroir se brise l'image disparaît, et de la silhouette idéalisée, tout auréolée de verdure sylvestre, ne subsiste que cette coquille du personnage que voient les autres – et alors, comme le monde devient irrespirable, creux, nu et ostentatoire ! Un monde invivable. Les uns en face des autres dans les omnibus et dans les métros, nous regardons dans le miroir ; c'est la raison pour laquelle nos regards sont vagues et vitreux. Et les romanciers de l'avenir comprendront de mieux en mieux l'importance de ces réflexions, car, bien entendu, il n'y en a pas une seule, mais presque une infinité : telles sont les profondeurs qu'ils exploreront, les fantômes qu'ils traqueront, excluant de plus en plus de leurs récits la description de la réalité, la présumant connue du lecteur, à l'instar des Grecs et peut-être de Shakespeare – mais ces généralisations sont sans intérêt. La consonance militaire du terme suffit. Elle évoque des éditoriaux, des membres du cabinet, bref, toute une catégorie de choses qu'au temps de notre enfance nous tenions pour essentielles, pour la norme et le modèle dont on ne saurait dévier sous peine d'être damné. Les généralisations font en quelque sorte revenir dimanche à Londres, les promenades dominicales, les déjeuners dominicaux, et aussi une manière de parler des morts, des vêtements, des habitudes – par exemple celle de s'assembler dans une seule pièce jusqu'à une certaine heure, bien que cela ne plaise à personne. Il y avait un règlement pour tout. À cette époque, il fallait que les nappes soient damassées, avec de petits carreaux jaunes, tels qu'on les voit sur les photos des tapis dans les couloirs royaux. Sinon ce n'étaient pas de vraies nappes. Quel choc, mais aussi quel délice de découvrir que ces vraies choses, les déjeuners dominicaux, les promenades dominicales, les maisons de campagne et les nappes n'étaient pas totalement vraies, mais en réalité un peu fantomatiques, et que la damnation promise à l'incrédule n'était qu'un sentiment de liberté illicite. Je me demande ce qui, aujourd'hui, a remplacé ces choses, ces normes de réalité. Les hommes, peut-être, pour peu que l'on soit femme ; le point de vue masculin qui régit nos existences, fixe la norme, formule les règles de la préséance selon Whitaker[1], et qui depuis la guerre est, j'imagine, devenu un peu fantomatique pour bien des hommes et des femmes, autorisant ainsi l'espoir que le ridicule le poussera dans la poubelle des fantômes avec les buffets d'acajou et les gravures de Landseer[2], les dieux, les diables, l'enfer et le reste, nous abandonnant à l'ivresse d'une liberté illicite, si la liberté existe...

Sous certains éclairages, cette marque sur le mur paraît comme en relief. Et elle n'est pas entièrement circulaire. Je n'affirmerais rien, mais elle semble projeter une ombre qui suggère qu'en passant le doigt sur cette partie du mur j'y détecterais une petite grosseur, une légère ondulation, comme ces tertres des South Downs, dont on dit qu'ils sont des tumulus ou des sites de camps. Personnellement j'opterais pour les tombes, ayant comme tous les Anglais du goût pour la mélancolie et trouvant naturel au terme d'une promenade d'accorder une pensée aux ossements enfouis sous l'herbe... Il doit y avoir un livre là-dessus. Un archéologue a sûrement exhumé ces ossements et

---

1. L'almanach Whitaker rappelait les règles du savoir-vivre.
2. Tableaux moralisateurs du XIXe siècle.

les a identifiés... À quoi ressemble un archéologue ? Je me le demande. Probablement des colonels à la retraite pour la plupart, faisant monter jusqu'ici des groupes de vieux ouvriers agricoles, examinant des mottes de terre et de cailloux, écrivant au pasteur du coin une lettre qui, ouverte pendant son petit déjeuner, donne à ce dernier un sentiment d'importance, et la comparaison des pointes de flèche nécessite des déplacements jusqu'au chef-lieu du comté, agréable corvée pour eux-mêmes et pour leurs vieilles épouses, qui, désireuses de faire leur confiture de prunes ou le ménage à fond du bureau, ont d'excellentes raisons de garder en suspens la grande interrogation concernant les camps ou les tumulus, pendant que le colonel goûte une philosophique jouissance à accumuler des preuves à l'appui des deux théories. Il est vrai qu'il finit par opiner en faveur du camp et, pour désarmer ses contradicteurs, il rédige une communication dont il entend donner lecture à la société locale lors de sa réunion trimestrielle, quand une attaque le terrasse et ni femme ni enfant n'ont de place dans ses ultimes instants de conscience, consacrés au camp et à la pointe de flèche, aujourd'hui dans sa vitrine au musée local, en compagnie du pied d'une criminelle chinoise, d'une poignée de clous élisabéthains, d'un grand nombre de pipes de l'époque Tudor, d'un fragment de poterie romaine, et du verre à vin dans lequel Nelson but, afin de prouver je ne sais plus quoi.

Non, non, on ne prouve rien, on ne sait rien. Et si à la minute je me levais pour vérifier que la marque sur le mur est vraiment... disons la tête d'un gigantesque clou, enfoncée là il y a deux siècles, et à qui la diligente érosion causée par de nombreuses générations de domestiques a maintenant permis d'émerger sous la couche de peinture pour contempler pour la première fois la vie moderne sous l'aspect d'une pièce aux murs blancs éclairés par le feu dans l'âtre, qu'y gagnerais-je ? Du savoir ? Matière à alimenter d'autres théories ? Je peux penser tranquillement assise aussi bien que debout. Et qu'est-ce que le savoir ? Que sont nos érudits, sinon les descendants de sorcières et d'ermites accroupis dans leurs grottes et concoctant des philtres dans les bois, interrogeant les musaraignes et notant le langage des astres ? Et nous les honorons d'autant moins que nos superstitions se perdent et que s'intensifie notre respect pour la beauté et la santé mentales... Oui, on pourrait imaginer un monde fort agréable. Un monde tranquille, vaste, avec des champs pleins de fleurs rouges et bleues. Un monde où il n'y aurait pas de professeurs, pas de spécialistes, ni de ménagères au profil de policeman, un monde aussi facile à pénétrer que l'eau pour la nageoire du poisson, en effleurant la tige du nénuphar suspendu au-dessus des nids de blancs œufs de mer... Qu'il serait reposant d'être ici, enracinée au centre du monde, regardant à travers les eaux grises, avec leurs fugitifs éclairs de lumière et leurs reflets, s'il n'y avait pas l'almanach Whitaker et le protocole des préséances !

Il faut que je me tire de mon fauteuil pour en avoir le cœur net : clou, feuille de rose, fissure dans le bois ? C'est ici que la nature fait jouer le bon vieil instinct de conservation. Elle sent que ces réflexions menacent de gaspiller de l'énergie, et même de bousculer la réalité, car sera-t-on jamais capable de s'élever contre les préséances de Whitaker ? L'archevêque de Canterbury avant le Lord High Chancellor ; lequel précède l'archevêque d'York. Tout le monde suit quelqu'un, telle est la philosophie de Whitaker ; et l'essentiel est de savoir qui suit qui. Whitaker le sait et, la nature vous le recommande, soyez-en consolé et non irrité ; et si cela vous est impossible et qu'il vous faille détruire ce paisible moment, songez à la marque sur le mur.

Je comprends bien les voies de la nature, qu'elle prescrive l'action comme remède aux idées porteuses de trouble ou de souffrance. D'où, j'imagine, notre léger mépris pour les hommes d'action, dont nous présumons que la pensée n'est pas l'affaire. Pour mettre un terme à des pensées désagréables il n'y a tout de même rien de mal à contempler une marque sur le mur.

Effectivement, depuis que mon regard s'y est rivé, j'ai l'impression d'avoir saisi une planche dans la mer ; j'éprouve un agréable sens de la réalité, qui fait immédiatement des deux archevêques et du Lord High Chancellor des ombres parmi les ombres. Voici quelque chose de précis, quelque chose de tangible. C'est ainsi que, s'éveillant d'un cauchemar en pleine nuit, on se hâte d'allumer et l'on recouvre sa sérénité en bénissant la solidité, la réalité de la commode, et l'univers impersonnel qui atteste l'existence d'une vie autre que la nôtre. C'est de cela que l'on veut être sûr… Le bois est un objet auquel il est agréable de penser. Il vient d'un arbre ; et les arbres poussent ; nous ignorons comment ils poussent. Pendant des années, sans se soucier de nous, ils poursuivent leur croissance dans les prés, les forêts, le long des fleuves – toutes choses auxquelles il est plaisant de penser. Sous leur ombrage les vaches agitent leur queue par les chauds après-midi ; ils peignent les rivières d'un vert si persistant que lorsqu'une poule d'eau fait un plongeon on s'attend à la voir ressortir les plumes toutes vertes. J'aime penser aux poissons s'équilibrant contre le courant comme autant de fanions au vent ; et aux scarabées d'eau édifiant lentement des monticules de boue dans le lit de la rivière. J'aime penser à l'arbre lui-même : d'abord cette sensation intime et sèche d'être du bois ; puis la contorsion sous l'orage ; puis la lente et délicieuse coulée de la sève. J'aime aussi y penser par les nuits d'hiver, dans le camp désert, toutes feuilles recroquevillées, n'exposant rien de vulnérable à la mitraille lunaire, mât dénudé sur une terre qui toute la nuit ne cesse de dégringoler. En juin le chant des oiseaux doit retentir bien étrangement ; et comme doivent sembler froides les pattes des insectes, tandis qu'ils gravissent les plis de l'écorce ou prennent le soleil sous le mince auvent vert des feuilles, regardant droit devant eux de leurs yeux rouges taillés en diamant… Une à une les fibres cèdent sous l'immense et froide pression de la terre, puis survient la dernière tempête et dans leur chute les plus hautes branches s'enfoncent de nouveau profondément dans le sol. Même alors, la vie n'est pas éteinte ; il existe encore pour un arbre un million d'existences patientes et vigilantes de par le monde, dans des chambres à coucher, des navires, des rues, garnissant les pièces où l'on se rassemble après le thé pour fumer des cigarettes. Il est plein de pensées tranquilles, de pensées heureuses, cet arbre. J'aimerais me consacrer séparément à chacune d'elles, mais quelque chose me gêne… Où en étais-je ? De quoi s'agissait-il ? D'un arbre, d'une rivière ? Des Downs ? De l'almanach Whitaker ? Des champs d'asphodèles ? Impossible de m'en souvenir. Tout bouge, tombe, glisse, s'échappe… Un immense bouleversement se produit. Quelqu'un se penche au-dessus de moi et dit :

« Je sors acheter un journal.

— Ah ?

— Pour ce que cela sert… Il n'y a jamais rien. En voilà assez de cette guerre ; peste soit de cette guerre !… Enfin ce n'est pas une raison pour laisser un escargot sur le mur.

— Ah, cette marque sur le mur ! C'était un escargot. »

ANNEXES

ARBRE GÉNÉALOGIQUE
Virginia Woolf

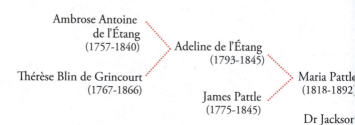

Ambrose Antoine de l'Étang (1757-1840)
Thérèse Blin de Grincourt (1767-1866)
Adeline de l'Étang (1793-1845)
James Pattle (1775-1845)
Maria Pattle (1818-1892)
Dr Jackson (1804-1887)

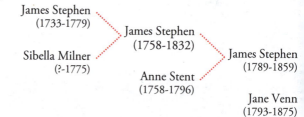

James Stephen (1733-1779)
Sibella Milner (?-1775)
James Stephen (1758-1832)
Anne Stent (1758-1796)
James Stephen (1789-1859)
Jane Venn (1793-1875)

Annexes

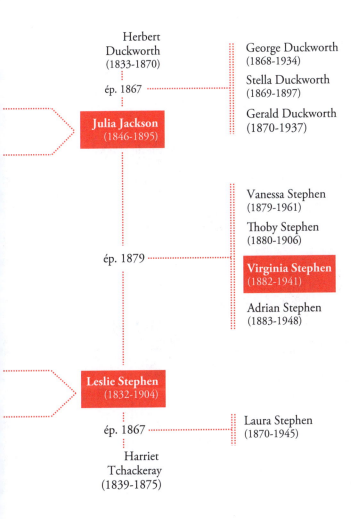

ARBRE GÉNÉALOGIQUE
Leonard Woolf

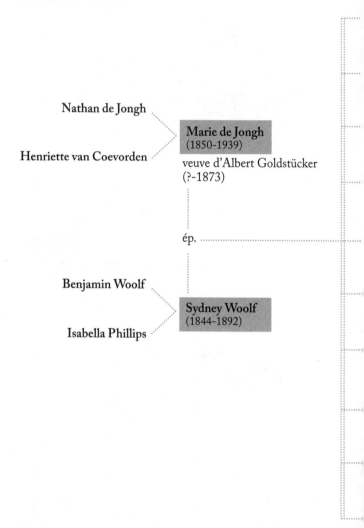

Nathan de Jongh

Henriette van Coevorden

Marie de Jongh
(1850-1939)

veuve d'Albert Goldstücker
(?-1873)

ép.

Benjamin Woolf

Isabella Phillips

Sydney Woolf
(1844-1892)

Annexes

Bella — ép. (1) Robert Lock
(1877-1960) (2) Wilfrid Thomas Southorn

Sydney John
(1878)

Herbert — ép. Alfreda Major
(1879-1949)

Leonard Woolf — ép. **Virginia Stephen**
(1880-1969)

Harold — ép. (1) Alice Bilson
(1882-1967) (2) Muriel Stedman

Edgar — ép. (1) Sylvia Ross
(1883-1981) (2) Zosia Norton

Clara — ép. George Walker — Clare
(1885-1934)   Betty

Flora — ép. George Sturgeon — Mollie
(1886-1975)

Cecil
(1887-1917)

Philip — ép. Marjorie Lowndes — Philippa
(1889-1962)   Marie
                                Cecil

CHRONOLOGIES

Leonard Woolf

1880. 25 novembre : naissance de Leonard.

1892. Décès de son père.

1899. À Cambridge, au Trinity College, avec Thoby, Lytton, Saxon et Clive.

1902. Entre dans la Société des Apôtres.

1904. Part pour Ceylan.

1911. Retour à Londres.

1912. Mariage avec Virginia.

1913. Fabians Society, *New Statesman*. Publication *Le Village dans la jungle*.

1914. Publication des *Wise Virgins*.

1916. Déclaré inapte au service.

1917. Création de la Hogarth Press. Publication de *Two Stories*.

Virginia Woolf

1882. 25 janvier : Naissance de Virginia.

1895. Décès de sa mère, Julia Stephen.

1897. Décès de sa sœur, Stella Duckworth.

1904. Décès de son père, Leslie Stephen.

1906. Décès de son frère Thoby.

1907. Mariage de Vanessa, sa sœur, avec Clive Bell.

1909. Lytton demande Virginia en mariage puis retire sa demande.

1912. Mariage avec Leonard.

1913. Tentative de suicide.

1915. Publication de *The Voyage Out* (*La Traversée des apparences*).

1917. Création de la Hogarth Press. Publication de *Two Stories*.

QUELQUES NOTICES BIOGRAPHIQUES

Clive Bell (1881-1964). Ancien de Cambridge, ami proche de Thoby, il épouse Vanessa en 1907. Père de Julian, né en 1908, et de Quentin Bell, né en 1910, il est considéré comme un critique d'art influent. Il sera toujours proche de Vanessa alors qu'ils vivent séparément.

Vanessa Bell (1879-1961). Sœur aînée de Virginia, peintre, elle aura trois enfants, deux avec Clive et une fille, Angelica, avec Duncan Grant. Elle vivra avec ce dernier jusqu'à la fin de sa vie.

Dora Carrington (1893-1932). Peintre et amie de Lytton Strachey avec lequel elle vivait. Elle se suicidera deux mois après sa mort.

E. M. Forster (1879-1970). Romancier, ancien Apôtre de Cambridge, il a déjà publié en 1910 la plupart de ses romans.

Roger Fry (1866-1934). Critique d'art et peintre, ancien Apôtre de Cambridge. Il devient l'amant de Vanessa en 1910, au moment où il lance la première exposition des post-impressionnistes. Auteur de *Vision and Design* en 1920, un recueil qui regroupe vingt-cinq essais sur l'art moderne de son époque.

David Garnett (1892-1981). Écrivain et critique littéraire. Amant de Duncan Grant, il promet à la naissance d'Angelica qu'il l'épousera plus tard. Il tiendra parole – elle a vingt ans, il en a quarante-six. Ils auront quatre filles avant de se séparer.

Duncan Grant (1885-1978). Peintre, cousin par son père, de Lytton. Né en Écosse, il a passé son enfance aux Indes, a étudié les Beaux-Arts en Italie et à Paris avant de retourner en Angleterre. Bon nombre de ses œuvres sont exposées à Londres, à la Tate. Il a vécu avec Vanessa à Charleston, qu'il a contribué à décorer.

John Maynard Keynes (1883-1946). Célèbre économiste, ancien Apôtre de Cambridge recruté par Leonard et Lytton.

Desmond MacCarthy (1877-1952). Journaliste et critique littéraire. Ancien Apôtre de Cambridge.

G. E. Moore (1873-1958). Philosophe, maître de conférences à Cambridge en sciences morales puis professeur de philosophie. Pourfendeur de Hegel, il initie un nouveau courant dans la pensée philosophique anglo-saxonne.

Adrian Stephen (1883-1948). Ancien de Cambridge, il fait des études de droit avant de devenir psychiatre en 1926, comme son épouse Karin Costelloe. Ils auront deux filles, Ann et Judith.

Lytton Strachey (1880-1932). Critique et biographe. Ancien Apôtre de Cambridge. Son œuvre majeure, *Eminents Victoriens*, qui inaugure une nouvelle forme de biographie, paraît en 1919 et le rend célèbre.

Saxon Sydney-Turner (1880-1962). Fonctionnaire au Trésor, ancien Apôtre de Cambridge. Le seul de Bloomsbury à n'avoir ni écrit, ni créé. Son père dirigeait une clinique psychiatrique à Hove près de Brighton.

UN COURT BILAN DU SUCCÈS DE LA HOGARTH PRESS

La Hogarth Press s'est révélée une entreprise florissante à son époque. 525 titres ont été publiés entre 1917 et 1946. Des œuvres originales, d'une grande qualité littéraire, présentées d'une manière raffinée. Parmi ses auteurs, citons : T. S. Eliot, Katherine Mansfield, E. M. Forster, Vita Sackville-West, H. G. Wells, Dostoïevski, Rainer Maria Rilke, Italo Svevo et… Sigmund Freud.

> Si j'avais fait de la Hogarth Press une occupation à plein temps, elle serait devenue une entreprise plus importante, plus vaste et plus prospère. De nombreux éditeurs professionnels ainsi que d'autres personnes qui connaissent le milieu de l'édition et de la diffusion de livres bien mieux que moi m'ont souvent dit qu'il serait tout à fait impossible de faire aujourd'hui ce que nous avons accompli entre 1917 et 1927, c'est-à-dire monter une maison d'édition florissante à partir de zéro, sans capital. Les coûts de production se sont accrus d'une telle manière et l'édition s'est tellement adaptée à une industrie de best-sellers à grande échelle, qu'aujourd'hui il n'y a pas de place pour le genre de livres que nous avons publiés à nos débuts et grâce auxquels la Hogarth Press a connu la prospérité.

BIBLIOGRAPHIE

Leonard Woolf

Sowing, an Autobiography of the Years 1880 to 1904; *Growing, an Autobiography of the Years 1904-1911*; *Beginning Again, an Autobiography of the Years 1911-1918*, Harcourt Brace Jovanovich, 1975.

Letters (éd. Frederic Spotts), Harcourt Brace Jovanovich, 1989.

Le Village dans la jungle, L'Âge d'homme, traduit de l'anglais par Bernard Kreise, 1991.

The Wise Virgins, a Story of Words, Opinions and a Few Emotions, Hogarth Press, 1979.

Virginia Woolf

The Letters, Volume One, 1888-1912; *Volume Two, 1912-1922*, Harcourt Brace Jovanovich, 1975.

A Passionate Apprentice, the Early Journals, 1897-1909, Hogarth Press, 1990.

The Diary, Volume One, 1915-1919, Harcourt Brace Jovanovich, 1979.

The Voyage Out, Harcourt Brace Jovanovich, 1920.

A Sketch of the Past, Reminiscences, Harcourt Brace Jovanovich, 1985.

Roland BARTHES, *Le Degré zéro de l'écriture*, Seuil, 1972.

Vanessa BELL, *Selected Letters* (éd. Regina Marler), Moyer Bell, 1998.

Judith Collins, *The Omega Workshops*, The University of Chicago Press, 1984.

Régine Detambel, *Les livres prennent soin de nous. Pour une bibliographie créative*, Actes Sud, 2015.

Jane Dunn, *A Very Close Conspiracy, Vanessa Bell and Virginia Woolf*, Little, Brown and Company, 1990.

Viviane Forrester, *Virginia Woolf*, Albin Michel, 2009, Le Livre de Poche, 2011.

Lorenza Foschini, *Le Manteau de Proust*, La Table ronde, 2012.

Paul Levy, *G. E. Moore and the Cambridge Apostles*, MacMillan, 1989.

George E. Moore, *Principia Ethica*, Cambridge University Press, 1989.

Gillian Naylor, *Bloomsbury, Its Artists, Authors and Designers*, Little, Brown and Company, 1990.

Natalia Rosenfeld, *Outsiders Together*, Princeton University Press, 2000.

Richard Shone, *Bloomsbury Portraits*, Phaidon, 1993.

G. Spater et Ian Parsons, *A Marriage of True Minds*, Harcourt Brace Jovanovich 1977.

Peter Stansky, *On or About December 1910, Early Bloomsbury and Its Intimate World*, Harvard University Press, 1996.
Conversation anglaise, le groupe de Bloomsbury, catalogue d'exposition, Gallimard, 2009.

CRÉDITS PHOTOS

© ADAGP, Paris 2017 : p. 112 • © Archives Centre, King's College, Cambridge (réf. KCAS/39/1/14) : p. 45 • © Art Institute of Chicago, Dist. RMN-Grand Palais/image The Art Institute of Chicago. : p. 29 • Collection James Morley / Photos of the Past : p. 73 • Collection personnelle de l'auteur : p. 18 ; p. 111 • © Bridgeman Images : p. 39 ; p. 43 ; p. 55 ; p. 88-89 ; p. 96 ; p. 100 ; p. 107 ; p. 110 ; p. 112 ; p. 142 ; p. 173 • © Estate of Vanessa Bell, courtesy Henrietta Garnett : p .99 ; p. 107 ; p. 110 • © Hulton Archive / Getty Images : p. 82 • Leslie Stephen's Photograph Album, © Mortimer Rare Book Collection, Special Collections, Smith College, Northampton, Mass. : p. 26 ; p. 33-34 • © Mortimer Rare Book Collection, Special Collections, Smith College, Northampton, Mass. : p. 125 ; p. 132 ; p. 178 ; p. 194 • © National Portrait Gallery, London / Scala : p. 99. © Photos12/Alamy : p. 169 • Photo courtesy of Fergus MacDermot : p. 75 • Reproduction avec la permission du Surrey History Centre (archives de l'asile Earlswood réf. : 392/11/4/4/p. 457) (réf. : 7854/4/47/3/8 p2). © Surrey History Centre : p. 52 ; p. 62-63 • © RMN-Grand Palais (musée d'Orsay) / Hervé Lewandowski : p. 136-137 • © Special Collections Victoria University Library, Toronto : p. 174 • © Tate, Londres, Distr. RMN-Grand Palais / Tate Photography : p. 155 • © Victoria and Albert Museum, Londres, Distr. RMN-Grand Palais / image Victoria and Albert Museum : p. 140 • Virginia Woolf Monk's House Photograph Album, MH-1, 1866-1914 (MS Thr 557)/MH-2, 1909-1922 (MS Thr 559), © Harvard Theatre Collection, Houghton Library, Harvard University, Cambridge, Mass. : p. 23 ; p. 85 • © Wellcome Images / Londres, Science Museum : p. 150 • © Crown Copyright 2014, contient des informations publiques sous la licence Open Government v3.0. (cf. nationalarchives-gov.uk/doc/open-government-licence) : p. 131 • © University of Sussex Special Collections at The Keep. Leonard Woolf Papers (réf. SxMs13/1/A/1/E/2 et réf. SxMs13/2/C/1) : p. 70 ; p. 131 • Lebrecht / Rue des Archives : p. 103.

TABLE

Avant-propos	11
1 • Un monde en héritage	16
2 • Métamorphoses	36
3 • Deux êtres en rupture	64
4 • Mariage	104
5 • Maternité et folie	143
6 • La Hogarth Press : une maison d'édition à soi	164
Nouvelles	177
Trois Juifs	179
La Marque sur le mur	195
Annexes	209
Arbres généalogiques	210
Chronologies	214
Quelques notices biographiques	216
Un court bilan du succès de la Hogarth Press	219
Bibliographie	220
Crédits photos	222

REMERCIEMENTS

Je remercie immensément Véronique Cardi, l'une de mes plus belles rencontres.

Je tiens à exprimer toute ma gratitude à Audrey Petit, mon éditrice, qui a accueilli ce projet et éclairé le chemin, avec un enthousiasme, une finesse et une attention extraordinaires. À Chloë Martinez, à Véronique Perovic, à Bénédicte Beaujouan et à toutes les équipes du Livre de Poche, pour leur gentillesse, leur ténacité et leur efficacité.

Un grand merci à vous toutes et vous tous, vous vous reconnaîtrez, qui me soutenez de votre amitié et de votre affection. À mes «veilleuses», Cuqui, Marie-Blanche et Maguy, de tout mon cœur.

Achevé d'imprimer en septembre 2017
sur les presses de Lego Lavis en Italie
Dépôt légal 1re publication : novembre 2017
Librairie Générale Française
21, rue du Montparnasse – 75298 Paris Cedex 06